ENCUENTROS 1

EDICIÓN 3000   MÉTODO DE ESPAÑOL

Grammatikheft

Encuentros Edición 3000
Lehrwerk für Spanisch als dritte Fremdsprache

Im Auftrag des Verlages erarbeitet von:
Jochen Schleyer

und der Redaktion Fremdsprachen in der Schule:
Kathrin Rathsam

Projektleitung: Heike Malinowski

Beratende Mitwirkung:
Elke Hildenbrand

Layout und technische Umsetzung: graphitecture book, Rosenheim
Covergestaltung: werkstatt für gebrauchsgrafik, Berlin
Illustration: Laurent Lalo

Umschlagfoto: © mauritius images/Pixtal

Materialien zu Encuentros Edición 3000:
ISBN 978-3-06-520333-3 Schülerbuch
ISBN 978-3-06-520366-1 Vokabeltaschenbuch
ISBN 978-3-06-520348-7 Audio-CD
ISBN 978-3-06-520363-0 DVD
ISBN 978-3-06-520336-4 Cuaderno de ejercicios
ISBN 978-3-06-520342-5 Handreichungen für den Unterricht

www.cornelsen.de

1. Auflage, 1. Druck 2010

© 2010 Cornelsen Verlag, Berlin

Das Werk und seine Teile sind urheberrechtlich geschützt.
Jede Nutzung in anderen als den gesetzlich zugelassenen Fällen bedarf
der vorherigen schriftlichen Einwilligung des Verlages.
Hinweis zu den §§ 46, 52 a UrhG: Weder das Werk noch seine Teile dürfen ohne eine
solche Einwilligung eingescannt und in ein Netzwerk eingestellt oder sonst öffentlich
zugänglich gemacht werden.
Dies gilt auch für Intranets von Schulen und sonstigen Bildungseinrichtungen.

Druck: CS-Druck CornelsenStürtz, Berlin

ISBN 978-3-06-520351-7

 Inhalt gedruckt auf säurefreiem Papier aus nachhaltiger Forstwirtschaft.

¡HOLA!

Das Grammatikheft zu **Encuentros 1. Edición 3000** enthält den gesamten Grammatikstoff des ersten Bandes. Die Lektionen des Schülerbuchs und des Grammatikhefts tragen jeweils den gleichen Titel, die Grammatikkapitel sind innerhalb der Teillektionen chronologisch geordnet.

In der linken Spalte jeder Seite findest du die spanischen Beispielsätze auf gelbem Hintergrund, in der rechten Spalte die dazugehörige Erklärung. In diesen Erklärungen werden, wo es sinnvoll ist, Vergleiche mit anderen Sprachen (Deutsch, Englisch, Latein, Französisch) angestellt.

| SPA | **Acabo de** hacer los deberes. |
| FRA | **Je viens de** faire les devoirs. |

Abkürzungen:

SPA: Spanisch   LAT: Latein
FRA: Französisch   ENG: Englisch

In den grünen Lerntipp-Kästen findest du Ratschläge, wie du dir ein Grammatikkapitel besonders gut einprägen kannst.

LERNTIPP +

Sprich die Formen beim Lernen laut aus, die Vokale der betonten Silbe sind in der Tabelle unterstrichen. Denke auch an die Akzente der 1. und 3. Person Singular!

Die roten Denk-daran-Kästen enthalten kurz gefasste Regeln oder Merksprüche, die du am besten auswendig lernst.

DENK DARAN! ¡!

Konjugiere beim **futuro inmediato** nur das Verb **ir**.

In den orangefarbenen Weißt-du's?-Kästen werden Vergleiche zu anderen Grammatikkapiteln hergestellt. Die Lösungen dazu findest du auf der hinteren Umschlagseite.

WEISST DU'S? ▶ Lösungen ¿?

Welche anderen Adjektive werden vor maskulinen Substantiven im Singular verkürzt?

Am Ende jeder Lektion findest du bei **Aprender mejor la gramática** Tipps, wie du am besten Grammatik lernen kannst.

Im Inhaltsverzeichnis auf den Seiten 4–6 kannst du nachschlagen, welche Themen in den einzelnen Lektionen behandelt werden.

Wenn du einen grammatischen Begriff nicht kennst, findest du auf S. 54–55 spanische Beispiele sowie die deutsche bzw. spanische Entsprechung.

Wenn du gezielt nach einem bestimmten Begriff suchst, schaue im Index auf S. 56 nach. Dort findest du eine Liste mit allen grammatischen Begriffen aus diesem Heft. Die Seitenzahlen dahinter zeigen die Fundstelle an.

Der Anhang enthält außerdem ein Kapitel „Aussprache und Betonung" (S. 49–50), in dem grundsätzliche Hinweise zur Aussprache des Spanischen gegeben werden, sowie eine Übersicht der Verbkonjugationen (S. 51–54).

Viel Spaß beim Stöbern und Lernen!

¡Nos vemos!

INHALTSVERZEICHNIS

UNIDAD 1 BIENVENIDO A SALAMANCA

¡Acércate!

1	Das Substantiv und seine Begleiter	7
1.1	Der bestimmte Artikel	7
1.2	Das Substantiv	7

1A El chico de Colombia

2	Die Fragewörter (1)	8
3	Das Verb **ser**	8
4	Das Subjektpronomen	8

1B En el instituto

5	Die Fragewörter (2)	9
6	Die Verben auf **-ar**	10
7	Die Verneinung mit **no**	10

1C En Internet

8	Die Verben auf **-er** und **-ir**	11

UNIDAD 2 MI MUNDO

2A En el piso de Roberto

9	Die Possessivbegleiter	12
10	Das Verb **tener**	12
11	Das Verb **estar**	12
12	Der Gebrauch von **ser** und **estar** (1)	13

2B Y tú, ¿tienes tu espacio?

13	Das Adjektiv (1)	13
14	Die Verschmelzung des Artikels (1)	14
15	Der unbestimmte Artikel	14
16	Der Gebrauch von **hay** und **estar**	14

2C ¿Amigo de tus amigos?

17	Verben mit Stammwechsel **-e-** → **-ie-**	15
18	Das Verb **hacer**	15
19	Die Präposition **con** vor Personalpronomen	15
20	Personen und Gegenstände als direkte Objekte	16

UNIDAD 3 ¿QUÉ HORA ES?

¡Acércate!

21	Die Uhrzeit	17

3A ¿Qué hacemos?

22	Das Verb **ir**	17
23	Die Verschmelzung des Artikels (2)	18
24	Das Fragewort **¿por qué?** und die Konjunktion **porque**	18
25	Das Verb **venir**	18

3B Un regalo para Sandra

26	Verben mit Stammwechsel **-o-** → **-ue-**	19
27	Die Modalverben (1)	19

3C ¡Hoy es mi cumple!

28	Die reflexiven Verben	20

28.1	Bildung	20
28.2	Gebrauch	21
29	Das Verb **ponerse**	21

UNIDAD 4 MI VIDA DE CADA DÍA

¡Acércate!

30	Die Konjunktion **y**: Wechsel von **y → e**	22
31	Das Fragewort **¿cuánto?**	22

4A ¿Qué tal en el instituto?

32	Das Verb **dar**	22
33	Das Objektpronomen (1)	22
33.1	Das indirekte Objektpronomen	22
33.2	Die Stellung des Pronomens	23
34	**Estar** + Adjektiv	23
35	Der Gebrauch von **ser** und **estar** (2)	23
36	Das Adjektiv (2): Die verkürzten Formen **buen** und **mal**	24
37	Die Indefinitbegleiter **mucho** und **poco**	24

4B ¿Qué te gusta hacer?

38	Das Verb **gustar**	24
39	Personalpronomen mit Präpositionen	25

4C Semana Blanca

40	Der Imperativ	26
41	Das Verb **salir**	26
42	Das Verb **saber**	27
43	Die Modalverben (2): Gebrauch von **saber** und **poder**	27
44	Das Verb **caerse**	27
45	Das Verb **doler**	28

UNIDAD 5 PADRES E HIJOS

¡Acércate!

46	Die Fragewörter **¿cuál?** und **¿qué?**	29
47	Das Relativpronomen **que**	29

5A Vaqueros nuevos

48	Die Demonstrativbegleiter und -pronomen	30
48.1	Formen	30
48.2	Gebrauch	30

5B Estoy hablando por teléfono

49	Die Verlaufsform	31
49.1	Bildung des **gerundio**	31
49.2	Gebrauch	31
50	**Acabar de** + Infinitiv	32

5C ¡Ya soy mayor!

51	Das Objektpronomen (2)	32
51.1	Das direkte Objektpronomen	32
51.2	Die Stellung des Pronomens	32
52	Übersicht: Die Pronomen	33
53	Verben mit Stammvokaländerung -e- → -i-	33
54	Das Verb **decir**	33
55	Die indirekte Rede ohne Zeitverschiebung	34

Inhaltsverzeichnis

55.1	Der indirekte Aussagesatz	34
55.2	Die indirekte Frage	34
56	Das Verb conocer (-c- → -zc-)	35

UNIDAD 6 COLOMBIA

6A Ayer en Bogotá

57	Das **pretérito indefinido** (1)	36
57.1	Regelmäßige Verben	36
57.2	Orthografische Besonderheiten	37
57.3	Das **pretérito indefinido** von **ser** und **ir**	37
57.4	Gebrauch (1)	37
58	Die Präposition **hace**	38
59	Der Temporalsatz mit **cuando**	38

6B El Golombiao

60	Das **pretérito indefinido** (2)	38
60.1	Wichtige unregelmäßige Verben	38
60.2	Gebrauch (2)	39
61	Der Temporalsatz mit **antes de / después de** + Infinitiv	39
62	Das Verb **ayudar**	39
63	Der Indefinitbegleiter **otro**	40

UNIDAD 7 DE VIAJE POR ESPAÑA

¡Acércate!

| 64 | Die Ordnungszahlen | 41 |
| 65 | Die Verben **seguir** und **repetir** | 41 |

7A ¡Por fin vacaciones!

66	Das **futuro inmediato**	42
66.1	Bildung	42
66.2	Stellungsregeln	42
67	Der Indefinitbegleiter **todo**	42

7B Besos y recuerdos a todos

| 68 | Die Verneinung mit **nada/nadie/nunca** | 43 |
| 69 | Das Objektpronomen beim Imperativ | 44 |

SUPLEMENTO CATALUÑA

A Barcelona

70	Das **pretérito perfecto**	45
70.1	Bildung	45
70.2	Gebrauch	45
71	Der Komparativ	46

B Mi lugar favorito

| 72 | Der Superlativ | 47 |
| 73 | Der Gebrauch des **pretérito perfecto** und des **pretérito indefinido** | 47 |

ANEXO

Aussprache und Betonung	49
Die Verben	51
Grammatische Begriffe	54
Index	56
Lösungen	

6 seis

1 BIENVENIDO A SALAMANCA

¡ACÉRCATE!

1 Das Substantiv und seine Begleiter | El sustantivo y sus determinantes

die Brücke
eine Stadt
dieser Park
meine Freunde

Substantive werden im Spanischen wie im Deutschen meist von Wörtern begleitet, die sie näher bestimmen. Diese Wörter nennt man „Begleiter". Das sind z. B. die bestimmten Artikel, aber auch die unbestimmten Artikel, Demonstrativ- und Possessivbegleiter. ▶ Nr. 15, S. 14; Nr. 48, S. 30; Nr. 9, S. 12

1.1 Der bestimmte Artikel | El artículo determinado

	♂	♀
Singular	**el** chico	**la** amiga
Plural	**los** chicos	**las** amigas

Spanische Substantive sind entweder **maskulin** oder **feminin**. Daher gibt es für sie auch nur die **maskulinen** Artikel **el** und **los** sowie die **femininen** Artikel **la** und **las**.

1.2 Das Substantiv | El sustantivo

	♂	♀
Singular	**el** amigo **el** profesor **el** estudiante **el** gol	**la** amig**a** **la** profesor**a** **la** estudiante **la** catedral

Die meisten Substantive auf **-o** sind **maskulin**, die meisten Substantive auf **-a** sind **feminin**. Es gibt aber auch Substantive mit anderen Endungen; sie sind entweder maskulin oder feminin.

Singular	Plural
el amigo	los amigo**s**
la amiga	las amiga**s**
el estudiante	los estudiante**s**
el profesor	los profesor**es**
la catedral	las catedral**es**

Substantive, die mit einem Vokal (**a**, **o**, **e**, **u** und **i**) enden, bilden den Plural mit **-s**. Alle anderen Substantive bilden den Plural mit **-es**.
⚠ Für gemischte Gruppen wird immer die maskuline Pluralform verwendet.

Son chicos.

Son los amigos de Laura.

Son chicas.

siete **7**

1 Bienvenido a Salamanca | El chico de Colombia

el instituto	die Schule
la plaza	der Platz
la fiesta	das Fest
el estadio	das Stadion

⚠ Das Geschlecht spanischer und deutscher Substantive stimmt nicht immer überein.

LERNTIPP

Schreibe die Substantive immer mit dem Artikel in dein Vokabelheft. Schreibe die **maskulinen** Substantive in blau und die **femininen** Substantive in rot.

1A EL CHICO DE COLOMBIA

2 Die Fragewörter (1) | Las palabras interrogativas (1)

¿**Cómo** te llamas? – Me llamo Vega.   **Wie** heißt du?
¿**De dónde** eres? – Soy de Salamanca.   **Woher** kommst du?
¿**Qué** lenguas hablas? – Hablo español.   **Was für / Welche** Sprachen sprichst du?
¿**Quién** es el chico? – Es mi vecino.   **Wer** ist der Junge?
¿**Qué tal**? – Bien.   **Wie** geht's?
¿**Qué tal** las vacaciones? – ¡Genial!   **Wie waren** die Ferien?

Alle spanischen Fragewörter tragen einen Akzent.

3 Das Verb ser | El verbo ser

Infinitiv			ser	
Singular	1.	«Hola,	**soy**	Laura.»
	2.	«¿Tú	**eres**	Diego?»
	3.	Diego	**es**	de Colombia.
Plural	1.	«Diego y yo	**somos**	vecinos.»
	2.	«¿Vosotras	**sois**	amigas?»
	3.	Los chicos	**son**	amigos.

Das Verb **ser** („sein") ist unregelmäßig.
⚠ Anders als im Französischen sprichst du im Spanischen das **-s** auch aus:
SPA   él/ella es   [es]   3. Person Singular
FRA   tu es   [ɛ]   2. Person Singular

LERNTIPP

Lerne von **ser** alle Formen auswendig.

4 Das Subjektpronomen | El pronombre personal sujeto

		♂	♀	
Singular	1.	Yo		soy Laura.
	2.	Tú		eres Vega, ¿verdad?
	3.	Él	Ella	es estudiante.
Plural	1.	Nosotros	Nosotras	somos de Salamanca.
	2.	Vosotros	Vosotras	sois de aquí.
	3.	Ellos	Ellas	también son de aquí.

Anders als im Deutschen haben die spanischen Subjektpronomen im Plural eine **maskuline** und eine **feminine** Form.
Bei gemischten Gruppen wird immer die **maskuline** Form verwendet, genauso wie du es für die Substantive schon kennst. ▶ Nr. 1, S. 7

DENK DARAN!

él   er
el   der

8 ocho

Bienvenido a Salamanca | En el instituto

1

– Hablo español y un poco de inglés.
– ¿Diego? Es mi vecino. Es de Colombia y es nuevo en Salamanca.

⚠ Anders als im Deutschen wird das Subjektpronomen im Spanischen meist nicht gebraucht.
Wie im Lateinischen geben im Spanischen die Endungen der Verben über das Subjekt Auskunft:
SPA   soy ⟩ ich bin
LAT   sum

– Hablo español, ¿y **tú**?
– **Nosotros** somos de aquí, pero **ella** es de Barcelona.
– **Él** es de Colombia y **ella** es de Salamanca.

In folgenden Fällen wird das Subjektpronomen jedoch genutzt:
– wenn es alleine steht.
– zur Betonung eines Unterschieds.
– zur Klarstellung bei nicht eindeutigen Fällen.

1B EN EL INSTITUTO

5 Die Fragewörter (2) | Las palabras interrogativas (2)

– ¿**Qué** buscáis? – Buscamos la clase 2A.   **Was** sucht ihr?
– ¿**Quién** es él? – Es mi vecino.   **Wer** ist das?
– ¿**Quiénes** son los nuevos en la clase?   **Wer** sind die Neuen
– Diego y Cristina.   in der Klasse?

⚠ Erinnere dich: **Alle** spanischen Fragewörter tragen einen Akzent.
Das Fragewort ¿**quién**? hat auch einen Plural: ¿**quiénes**?.

nueve **9**

6 Die Verben auf -ar | Los verbos en -ar

Infinitiv			habl-ar	
Singular	1.	«En el instituto	habl-**o**	inglés.»
	2.	«Oye, ¿	habl-**as**	catalán?»
	3.	Carmen	habl-**a**	de la historia.
Plural	1.	«Vega y yo	habl-**amos**	de la profe.»
	2.	«Y vosotras, ¿	habl-**áis**	inglés?»
	3.	Los chicos	habl-**an**	en el recreo.

Die Endungen für die Verben auf **-ar** lauten **-o / -as / -a / -amos / -áis / -an** und werden an den Verbstamm angehängt.
Die Endungen sind fast mit den Präsens-Endungen der lateinischen a-Konjugation identisch.

LAT   laudo   laudamus
      laudas   laudatis
      laudat   laudant

		stammbetont	endungsbetont
Singular	1.	h<u>a</u>bl**o**	
	2.	h<u>a</u>bl**as**	
	3.	h<u>a</u>bl**a**	
Plural	1.		habl**<u>a</u>mos**
	2.		habl**<u>á</u>is**
	3.	h<u>a</u>bl**an**	

⚠ Achte auf die wechselnde Betonung! In der Tabelle sind die Vokale der betonten Silbe unterstrichen.
Formen, die auf dem Verb**stamm** betont werden, nennt man **stamm**betont, die anderen Formen nennt man **endungs**betont.

WEISST DU'S? ▶ Lösungen ¿?
Sieh dir die Formen von **hablar** an und ergänze die Regel: Die […] und die […] Person […] der Verben sind endungsbetont.

7 Die Verneinung mit no | La negación con no

– ¿Hablas catalán? – **No**.   Sprichst du Katalanisch? – **Nein**.

– ¿Eres Pilar? – **No**, soy Rocío.   Bist du Pilar? – **Nein**, ich bin Rocío.

Das spanische **no** hat zwei Bedeutungen: „nein" und „nicht" bzw. „kein/e".
In der Bedeutung von „nein" steht es allein oder wird durch ein Komma vom Hauptsatz abgetrennt.

Roberto **no** <u>escucha</u>.   Roberto <u>hört</u> **nicht** <u>zu</u>.
Todavía **no** <u>es</u> el recreo.   Noch <u>ist</u> **keine** Pause.

In der Bedeutung von „nicht" bzw. „kein/e" steht es direkt **vor** dem konjugierten Verb, also anders als im Deutschen.

Roberto spricht nicht.
Roberto (no) habla.

1C EN INTERNET

8 Die Verben auf -er und -ir | Los verbos en -er y en -ir

Infinitiv		aprend-er	escrib-ir
Singular	1.	aprend-o	escrib-o
	2.	aprend-es	escrib-es
	3.	aprend-e	escrib-e
Plural	1.	aprend-**emos**	escrib-**imos**
	2.	aprend-**éis**	escrib-**ís**
	3.	aprend-**en**	escrib-**en**

Die Endungen der Verben auf **-er** und **-ir** ähneln sich:
Verben auf **-er**:
-o / -es / -e / -emos / -éis / -en
Verben auf **-ir**:
-o / -es / -e / -imos / -ís / -en
Sie unterscheiden sich nur in der **1.** und **2.** Person Plural, also in den endungsbetonten Formen. ▶ Nr. 6, S. 10

APRENDER MEJOR LA GRAMÁTICA

Grammatikregeln und Verbformen lernen (1)

A Gehe beim Lernen hin und her und sprich die Regel oder die Verbformen mehrmals laut vor dich hin.

➡ Probiere diese Lernstrategie mit **ser** (▶ Nr. 3, S. 8), **hablar** (▶ Nr. 6, S. 10), **aprender** und **escribir** aus (▶ Nr. 8, S. 11).

B Lies dir aufmerksam ein Grammatikkapitel durch und überprüfe, ob du alle grammatischen Begriffe kennst, indem du z. B. dafür Beispiele nennst. Suche aus dem Lektionstext die neue grammatische Strukur heraus und wiederhole im Kopf die passende Regel.

➡ Probiere diese Lernstrategie für die Verwendung der Subjektpronomen (▶ Nr. 4, S. 8) aus. Suche aus den Lektionstexten des Schülerbuchs auf S. 16 und S. 20 alle Sätze mit Subjektpronomen und erkläre für jeden Satz, warum die Subjektpronomen verwendet werden.

> **LERNTIPP** +
> Du kannst die Bedeutung der grammatischen Begriffe auf S. 54–55 nachschlagen.

2 MI MUNDO

2A EN EL PISO DE ROBERTO

9 Die Possessivbegleiter | Los determinantes posesivos

Singular		Plural	
mi	amigo/-a	mis	amigos/-as
tu	amigo/-a	tus	amigos/-as
su	amigo/-a	sus	amigos/-as
nuestro	amigo	nuestros	amigos
nuestra	amiga	nuestras	amigas
vuestro	amigo	vuestros	amigos
vuestra	amiga	vuestras	amigas
su	amigo/-a	sus	amigos/-as

Die Possessivbegleiter richten sich in Genus und Numerus immer nach dem Substantiv, vor dem sie stehen.
Mi, **tu** und **su** stehen vor maskulinen und femininen Substantiven.
Nuestro und **vuestro** stehen vor **maskulinen** Substantiven, **nuestra** und **vuestra** vor **femininen** Substantiven.
Für den Plural der Possessivbegleiter wird ein -**s** angehängt.

WEISST DU'S? ▶ Lösungen

Sieh dir die Sätze an und überlege, welche deutschen Entsprechungen es für **su** gibt.
1. Diego está en casa. **Su** padre y **su** abuela también.
2. Vega siempre busca algo: **sus** libros están en el cuarto de baño y **su** mochila está en el salón.
3. Roberto, Adrián y Alba ven la tele. **Su** padre está en la cocina.

10 Das Verb tener | El verbo tener

Infinitiv			tener	
Singular	1.	«No	tengo	tu mochila.»
	2.	«Diego, ¿tú	tienes	la peli?»
	3.	Roberto	tiene	hermanos.
Plural	1.	«Oye, ¿	tenemos	clase mañana?»
	2.	«Y vosotras, ¿	tenéis	ganas?»
	3.	Ellos	tienen	el libro.

LERNTIPP +

Lerne die Formen von **tener** auswendig. Die Vokale der betonten Silbe sind in der Tabelle unterstrichen.

11 Das Verb estar | El verbo estar

Infinitiv			estar	
Singular	1.	«Oye, hijo,	estoy	aquí.»
	2.	«¿Dónde	estás	tú?»
	3.	«¿Y dónde	está	Alba?»
Plural	1.	«Diego y yo	estamos	en casa.»
	2.	«¿Vosotros	estáis	en el salón?»
	3.	«¡Ellos siempre	están	en casa!»

⚠ Denke an die Akzente bei **estás**, **está**, **estáis** und **están**.

12 doce

Mi mundo | Y tú, ¿tienes tu espacio?

12   Der Gebrauch von ser und estar (1) | El uso de ser y estar (1)

«Soy Vega.»
«Soy de Salamanca.»
«Soy alumna.»

«Ahora estoy en mi habitación.»

Im Spanischen gibt es zwei Verben für das deutsche Verb „sein": ser und estar.
Ser gebrauchst du, um auszudrücken, **wer** jemand ist bzw. **was** etwas ist.
Mit ser + de gibst du an, **woher** eine Person kommt bzw. stammt.
Estar gebrauchst du, um zu sagen, **wo** sich jemand oder etwas **befindet**. Estar kannst du auch mit „liegen" bzw. „stehen" übersetzen.
Die beiden Verben stammen von zwei unterschiedlichen lateinischen Verben ab:

LAT	esse („sein")	stare („stehen")
SPA	ser	estar

2B Y TÚ, ¿TIENES TU ESPACIO?

13   Das Adjektiv (1) | El adjetivo (1)

♂	♀
Mi móvil es nuev**o**. Los cedés son nuev**os**.	Mi cama es nuev**a**. Las mesas son nuev**as**.
Mi libro es interesante. Los libros son interesante**s**.	La peli es interesante. Las pelis son interesante**s**.
El libro es genial. Los chicos son genial**es**.	La peli es genial. Las chicas son genial**es**.

Adjektive werden im Spanischen in Numerus und Genus an das Substantiv angeglichen.
Die Adjektive auf **-o** haben eine **maskuline** Endung **-o** und eine **feminine** Endung **-a**.
Eine Reihe von Adjektiven, z. B. diejenigen, die auf **-e** oder **-l** enden, sind in der maskulinen und femininen Form gleich.
Der Plural der Adjektive wird wie der Plural der Substantive gebildet (▶ Nr 1.2, S. 7): Adjektive, die auf einen Vokal enden, bilden den Plural mit **-s**. Die anderen Adjektive bilden den Plural mit **-es**.

| Diego y Lucía son divertid**os**. | Auch bei den Adjektiven wird für gemischte Gruppen die maskuline Pluralform verwendet. |

| Tengo un hermano **curioso**.
Tengo una habitación **propia**.
Leo un libro **interesante**. | … einen neugierigen Bruder.
… ein eigenes Zimmer.
… ein interessantes Buch. |

⚠ Wenn das Adjektiv direkt beim Substantiv steht, wird es meistens nachgestellt. Das ist anders als im Deutschen.

trece **13**

14 Die Verschmelzung des Artikels (1) | La contracción del artículo (1)

Mi diario está detrás **del** armario.
Roberto es la estrella **de la** clase.
El vecino **de los** chicos se llama Miguel.
Hablamos **de las** lenguas del mundo.

Die Präposition **de** verschmilzt mit dem bestimmten Artikel **el** zu **del**: **de + el → del**.
⚠ Die übrigen Formen des bestimmten Artikels verschmelzen nicht: **de la**, **de los**, **de las**.
Im Französischen gibt es auch eine Verschmelzung:
SPA   del centro   aber: de los centros
FRA   du centre   des centres

15 Der unbestimmte Artikel | El artículo indeterminado

	♂	♀
Singular	**un** amigo	**una** amiga
Plural	ø amigos	ø amigas

Tengo **una** estantería.   Ich habe ein Regal.
Laura y Vega son **amigas**.   Laura und Vega sind Freundinnen.

Der unbestimmte Artikel im Spanischen wird meist nur im Singular verwendet. Die Pluralformen **unos** und **unas** bedeuten „ein paar" oder „etwa".

16 Der Gebrauch von hay und estar | El uso de hay y estar

En la habitación **hay una** cama.   In dem Zimmer steht ein Bett.
En la mesa **hay** fotos.   Auf dem Tisch liegen Fotos.
En la habitación **hay dos** chicos.   In dem Zimmer sind zwei Jungen.

Bei Ortsangaben wird **hay** benutzt, wenn das Substantiv unbestimmt ist, d. h. wenn vor dem Substantiv ein unbestimmter Artikel, überhaupt kein Artikel oder ein Zahlwort steht.
⚠ **Hay** wird nie mit dem bestimmten Artikel verwendet.

La cama **está** a la derecha.   Das Bett steht rechts.
Mi libro **está** en la mesa.   Mein Buch liegt auf dem Tisch.
Laura y Roberto **están** en la habitación.   Laura und Roberto sind im Zimmer.

Bei Ortsangaben wird **estar** benutzt, wenn das Substantiv genau bestimmt ist, d. h. wenn ein bestimmter Artikel oder ein Possessivbegleiter davor steht oder wenn es ein Eigenname ist.

2C ¿AMIGO DE TUS AMIGOS?

17 Verben mit Stammwechsel -e- → -ie- | Verbos que cambian la raíz -e- → -ie-

Infinitiv		querer
Singular	1.	qu**ie**ro
	2.	qu**ie**res
	3.	qu**ie**re
Plural	1.	quer**e**mos
	2.	quer**é**is
	3.	qu**ie**ren

ebenso:
pensar: yo pienso, nosotros/-as pensamos
preferir: yo prefiero, nosotros/-as preferimos

WEISST DU'S? ¿?
Welches Verb kennst du bereits, das außer in der 1. Person Singular wie **querer** konjugiert wird?

Im Spanischen gibt es viele Verben, die ihren Stammvokal, d. h. den betonten Vokal im Verbstamm, ändern. Man nennt sie **Gruppenverben**. In einer Gruppe diphthongieren die Verben ihren Stammvokal von **-e-** zu **-ie-** in den **stammbetonten** Formen, also im Singular und in der 3. Person Plural. Sie behalten den Vokal **-e-** des Infinitivs in den **endungsbetonten** Formen, also in der 1. und 2. Person Plural. Die Vokale der betonten Silbe sind in der Tabelle unterstrichen.

18 Das Verb hacer | El verbo hacer

Infinitiv		hacer
Singular	1.	**h**a**go**
	2.	h**a**ces
	3.	h**a**ce
Plural	1.	hac**e**mos
	2.	hac**é**is
	3.	h**a**cen

Das Verb **hacer** („machen", „tun") ist nur in der **1. Person Singular** unregelmäßig.

19 Die Präposition con vor Personalpronomen | La preposición con delante de pronombres personales

Vega quiere charlar	**conmigo**.	… mit mir …
	contigo.	… mit dir …
	con él/ella.	… mit ihm/ihr …
	con nosotros/-as.	… mit uns …
	con vosotros/-as.	… mit euch …
	con ellos/ellas.	… mit ihnen …

Die Präposition **con** („mit") bildet mit den Personalpronomen der 1. und 2. Person Singular die Sonderformen **conmigo** und **contigo**. Sie sind unveränderlich, d. h. es gibt keine feminine Form. In den übrigen Personen wird das Subjektpronomen benutzt.

20 Personen und Gegenstände als direkte Objekte | Personas y cosas como complementos directos

Queremos ver la película.
Busco un regalo.
Escucho rock.
Ves a Adrián en la cafetería.
Busco a la chica de mi clase.
Escucho a mi amigo.

Wir wollen den Film sehen.
Ich suche ein Geschenk.
Ich höre Rockmusik.
Du siehst **Adrián** in der Cafeteria.
Ich suche **das Mädchen** aus meiner Klasse.
Ich höre **meinem Freund** zu.

Das direkte Objekt wird im Spanischen direkt an das Verb angeschlossen.
Wenn das direkte Objekt eine **bestimmte Person** ist, muss davor die Präposition **a** stehen. Bestimmte Personen sind z. B. solche mit Eigennamen, mit bestimmtem Artikel oder mit Possessivbegleitern.

Busco una amiga de chat.   Ich suche eine Chat-Partnerin.   ⚠ Hier ist die Person **unbestimmt**.

APRENDER MEJOR LA GRAMÁTICA

Grammatikregeln und Verbformen lernen (2)

A Mache ein Laufdiktat:
1. Merke dir die Regel oder einen Teil der Regel, die du aufschreiben willst. Lege dann dein Grammatikheft in ein anderes Zimmer.
2. Gehe an deinen Schreibtisch und schreibe auf, was du dir gemerkt hast.
3. Gehe zu deinem Grammatikheft zurück und merke dir den nächsten Teil der Regel bzw. eine neue Regel.
4. Überprüfe mit dem Grammatikheft, ob du alles richtig aufgeschrieben hast.

➡ Probiere das Laufdiktat mit der Regel zum direkten Objekt aus. ▶ Nr. 20, S. 16

LERNTIPP
Wenn du die Regeln auf Karteikärtchen schreibst, kannst du auf der Rückseite einen spanischen Beispielsatz ergänzen und die Grammatik wie mit Vokabelkärtchen lernen.

B Denke dir Beispielsätze aus, in denen jeweils eine Form des Verbs oder der Wortart vorkommt, die du lernen möchtest. Schreibe die Sätze auf und lasse für die Formen eine Lücke. Nach einer längeren Pause ergänzt du die Formen aus dem Gedächtnis.

➡ Probiere diese Lernstrategie mit **tener** (▶ Nr. 10, S. 12), **estar** (▶ Nr. 11, S. 12) und **preferir** (▶ Nr. 17, S. 15) aus.

LERNTIPP
Überlege, mit welcher Lernstrategie du besser Verbformen lernen kannst: mit dieser Lernstrategie oder mit der Lernstrategie A aus Unidad 1 (S. 11)?

3 ¿QUÉ HORA ES?

¡ACÉRCATE!

21 Die Uhrzeit | La hora

– ¿Qué hora es? – **Es la** una / **Son las** dos…
en punto.
… **menos** cinco.   … y cinco.
… **menos** diez.   … y diez.
… **menos** cuarto.   … y cuarto.
… **menos** veinte.   … y veinte.
… **menos** veinticinco.   … y veinticinco.
… y media.

Bei der Uhrzeit im Spanischen stehen die Zeiten – anders als im Deutschen – im Plural.
⚠ Eine Ausnahme bildet „ein Uhr": Hier steht auch im Spanischen der Singular.

Son las tres **y media**.
Es ist **halb vier**.
Son las cuatro **menos** cinco.
Es ist fünf vor vier.

⚠ Anders als im Deutschen wird nicht schon ab „halb" rückwärts gezählt. Zu „halb vier" sagst du: **Son las tres y media**. Zu „fünf nach halb vier" aber schon: **Son las cuatro menos veinticinco**.

El bus llega a las **dieciséis horas y treinta y cinco**.
Der Bus kommt um 16 Uhr 35 an.

Nur im Radio, im Fernsehen, auf Bahnhöfen und auf Flughäfen werden die Stunden von 0–23 gezählt und die Minuten von 1 bis 59 hinzugefügt.

Son las siete y cuarenta y cinco en Madrid…
¡Huy! Ya son las ocho menos cuarto.

3A ¿QUÉ HACEMOS?

22 Das Verb **ir** | El verbo **ir**

Infinitiv			ir	
Singular	1.	«Hoy	voy	a Madrid.»
	2.	«¿Por qué tú no	vas	con ellos?»
	3.	Roberto	va	a la bolera.»
Plural	1.	«Después	vamos	a la Plaza Mayor.»
	2.	«Y vosotros, ¿	vais	con nosotros?»
	3.	Los chicos	van	a casa.

Wenn **ir** („gehen", „fahren") in Verbindung mit einer Ortsangabe steht, folgt immer die Präposition **a**. ▶ Nr. 23, S. 18
⚠ Achte darauf, dass **vais** (2. Person Plural) keinen Akzent trägt.

LERNTIPP
Lerne alle Formen von **ir** auswendig.

diecisiete **17**

23 Die Verschmelzung des Artikels (2) | La contracción del artículo (2)

¿Vamos **al** cine? Gehen wir ins Kino?
Voy **a la** librería. Ich gehe in den Buchladen.
Veo **a los** chicos allí. Ich sehe die Jungen dort drüben.
Quedamos **a las** cuatro. Wir treffen uns um vier.

Du weißt bereits, dass die Präposition **de** und der bestimmte Artikel **el** zu **del** verschmelzen. Genauso verhält sich die Präposition **a**: Sobald **a** auf den bestimmten Artikel **el** trifft, verschmelzen beide zu **al**: **a + el → al**.

⚠ Die Präposition **a** verschmilzt **nicht** mit den übrigen Formen des bestimmten Artikels: **a la, a los, a las**. Das ist anders als im Französischen:

SPA	al centro	aber:	a los amigos
FRA	au centre		aux amis

24 Das Fragewort ¿por qué? und die Konjunktion porque | La palabra interrogativa ¿por qué? y la conjunción porque

– **¿Por qué** tus amigos no vienen? Warum kommen deine Freunde nicht mit?
– **Porque** no tienen ganas. Weil sie keine Lust haben.

Das Fragewort **¿por qué?** leitet eine Frage ein und bedeutet „warum". Die Konjunktion **porque** leitet eine Begründung ein und bedeutet „weil".

		Subjekt	Verb	Ergänzung
Los chicos no van al cine	porque	Roberto	no tiene	dinero.
Die Jugendlichen gehen nicht ins Kino,	weil	Roberto	kein Geld	hat.
		Subjekt	Ergänzung	Verb

Anders als im Deutschen hat ein spanischer Nebensatz die gleiche Wortstellung wie ein Hauptsatz: **Subjekt – Verb – Ergänzung**.

⚠ Achte auf die unterschiedliche Schreibung von **¿por qué?** und **porque**!

25 Das Verb venir | El verbo venir

Infinitiv			venir	
Singular	1.	«Yo	**vengo**	del instituto.»
	2.	«¿Por qué no	vienes	a mi casa?»
	3.	El bus	viene	de Madrid.
Plural	1.	«Hoy	venimos	temprano.»
	2.	«¿Vosotros no	venís	a la bolera?»
	3.	Mis amigos no	vienen.	

Das Verb **venir** („kommen") ist nur in der **1. Person Singular** unregelmäßig. Die übrigen Formen werden wie die diphthongierenden Verben (-e- → -ie-) konjugiert. ▶ Nr. 17, S. 15

WEISST DU'S? ▶ Lösungen ¿?
Welche Verben kennst du schon, die nur in der 1. Person Singular unregelmäßig sind?

3B UN REGALO PARA SANDRA

26 Verben mit Stammwechsel -o- → -ue- | Verbos que cambian la raíz -o- → -ue-

Infinitiv		contar	poder
Singular	1.	c**ue**nto	p**ue**do
	2.	c**ue**ntas	p**ue**des
	3.	c**ue**nta	p**ue**de
Plural	1.	cont**a**mos	pod**e**mos
	2.	cont**á**is	pod**é**is
	3.	c**ue**ntan	p**ue**den

ebenso:
volver: yo v**ue**lvo, nosotros/-as volv**e**mos

Du kennst schon die Gruppenverben, die ihren Stammvokal -e- in -ie- ändern. ▶ Nr. 17, S. 15
Mit **contar** („(er)zählen"), **poder** („können") und **volver** („zurückkehren") lernst du Verben der Verbgruppe kennen, die ihren Stammvokal von -o- zu -ue- diphthongiert.
Diese Verben ändern ihren Stammvokal von -o- zu -ue- in den **stammbetonten** Formen, also im gesamten Singular und der 3. Person Plural. Sie behalten den Vokal -o- des Infinitivs in den **endungsbetonten** Formen, also in der 1. und 2. Person Plural.
⚠ Denke an die wechselnde Betonung. Der Vokal der betonten Silbe ist unterstrichen.

> **LERNTIPP**
> Welche diphthongierenden Verben kennst du bereits? Lege dir eine Liste an und überprüfe, ob du die Verben richtig konjugieren kannst. ▶ Nr. 17, S. 15

27 Die Modalverben (1) | Los verbos modales (1)

«No **puedo quedar** contigo.»
Ich **kann** mich nicht mit dir **treffen**.

«**Tengo que estudiar**.»
Ich **muss lernen**.

«Pero **quiero ir** al cine el fin de semana.»
Ich **will** aber am Wochenende ins Kino **gehen**.

Mit den Modalverben **querer**, **poder** und **tener que** kannst du ausdrücken, ob du etwas tun **willst**, **kannst** oder **musst**.
⚠ Die Modalverben stehen **immer vor** dem Infinitiv eines Hauptverbs. Dies ist anders als im Deutschen, wo die Modalverben oft durch Objekte, Verneinungen und Satzergänzungen von den Infinitiven getrennt werden.

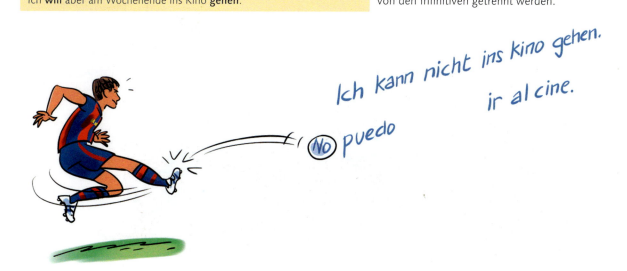

diecinueve **19**

3C ¡HOY ES MI CUMPLE!

28 Die reflexiven Verben | Los verbos reflexivos

28.1 Bildung | Morfología

| Sandra se ducha. | Sandra duscht sich. |
| Carlitos se acuerda. | Carlitos erinnert sich. |

Auch im Deutschen gibt es reflexive Verben. Sie werden immer von einem Reflexivpronomen begleitet.

Infinitiv			ducharse	sich duschen
Singular	1.	me	ducho	ich dusche mich
	2.	te	duchas	du duschst dich
	3.	se	ducha	er/sie duscht sich
Plural	1.	nos	duchamos	wir duschen uns
	2.	os	ducháis	ihr duscht euch
	3.	se	duchan	sie duschen sich

Die spanischen Reflexivpronomen lauten **me**, **te**, **se**, **nos**, **os**, **se**.
Im Gegensatz zum Französischen unterscheiden sich im Spanischen die Reflexivpronomen **nos** und **os** (1. und 2. Person Plural) von den jeweiligen Personalpronomen **nosotros/-as** und **vosotros/-as**:

SPA [nosotros] **nos** acordamos
     [vosotros] **os** acordáis
FRA nous **nous** souvenons
     vous **vous** souvenez

| Me ducho. | Ich dusche mich. |
| No me ducho. | Ich dusche mich nicht. |

⚠ Anders als im Deutschen stehen die Reflexivpronomen im Spanischen **vor** dem konjugierten Verb. Bei Verneinungen gilt die Reihenfolge **no – Reflexivpronomen – konjugiertes Verb**.

No me quiero acostar. /	Ich möchte nicht ins Bett
No quiero acostarme.	gehen.
No me puedo acordar. /	Ich kann mich nicht
No puedo acordarme.	erinnern.

Die Reflexivpronomen können vor dem konjugierten Modalverb (**querer**, **poder**, **tener que** ▶ Nr. 27, S. 20) stehen oder an den Infinitiv des Hauptverbs angeschlossen werden.

20 veinte

3   ¿Qué hora es? | ¡Hoy es mi cumple!

28.2   Gebrauch | Uso

despertarse	aufwachen
levantarse	aufstehen
acostarse	ins Bett gehen, sich hinlegen
ponerse (rojo/-a)	(rot) werden
ponerse algo	etw. anziehen

⚠ Viele spanische reflexive Verben sind im Deutschen **nicht** reflexiv.

Alba **se esconde** en el armario.	Alba versteckt sich im Schrank.
Carlitos pregunta: «¿**nos vemos** esta tarde?»	Carlitos fragt: „Sehen wir uns heute Nachmittag?"
Sandra **se pregunta**: «¿él no se acuerda de mi fiesta?»	Sandra fragt sich: „Erinnert er sich nicht an meine Party?"

Viele spanische Verben können auch reflexiv gebraucht werden.

ir: **Voy** a casa.	Ich **gehe** nach Hause.
irse: ¿Por qué **te vas**?	Warum **gehst** du (**weg**)?
llamar: Hoy **llamo** a Laura.	Heute **rufe ich** Laura **an**.
llamarse: **Me llamo** Diego.	Ich **heiße** Diego.

⚠ Einige spanische Verben haben eine andere Bedeutung, wenn sie **reflexiv gebraucht** werden.

29   Das Verb ponerse | El verbo ponerse

Infinitiv		**ponerse**
Singular	1.	me **pongo**
	2.	te pones
	3.	se pone
Plural	1.	nos ponemos
	2.	os ponéis
	3.	se ponen

Das Verb **ponerse** („anziehen", „werden") ist nur in der **1. Person Singular** unregelmäßig.

WEISST DU'S?   ▶ Lösungen   ¿?
Welche anderen Verben haben auch in der 1. Person Singular eine Form auf **-go**?

APRENDER MEJOR LA GRAMÁTICA

Grammatik üben (1)

A   Mache Übungen aus dem Unterricht zu Hause noch einmal.

⇨ Mache eine Übung der Rubrik **Practicar** aus dem Schülerbuch, die dir schwer gefallen ist. Schlage in dem jeweiligen Grammatikkapitel nach, wenn du dir unsicher bist.

B   Denke dir selbst kleine Übungen aus: Schreibe die Übung auf eine große Karteikarte und ergänze die Lösungen auf der Rückseite. Bearbeite die Übung nach einer Pause und überprüfe dich mithilfe der Lösungen.

⇨ Probiere diese Lernstrategie für die Uhrzeiten aus. ▶ Nr. 21, S. 17

veintiuno **21**

4 MI VIDA DE CADA DÍA

¡ACÉRCATE!

30 Die Konjunktion y: Wechsel von y → e | La conjunción y: cambio de y → e

Los lunes tengo Lengua **y** Música.
Los martes tengo Francés **e** Inglés.
Los miércoles tenemos Naturales **e** Historia.

Die Konjunktion **y** („und") wird zu **e** vor Wörtern, die mit **i-** oder **hi-** beginnen.

31 Das Fragewort ¿cuánto? | La palabra interrogativa ¿cuánto?

	♂	♀
Singular	**¿Cuánto** tiempo tienes?	**¿Cuánta** gente hay?
Plural	**¿Cuántos** chicos están en tu clase?	**¿Cuántas** asignaturas tienes?

Das Fragewort **¿cuánto/-a?** („wie viel/e") wird wie ein Adjektiv auf **-o** an das Substantiv angeglichen. Die Endungen sind **-o, -a, -os, -as**.

4A ¿QUÉ TAL EN EL INSTITUTO?

32 Das Verb dar | El verbo dar

Infinitiv		dar
Singular	1.	**doy**
	2.	das
	3.	da
Plural	1.	damos
	2.	dais
	3.	dan

Das Verb **dar** („geben") ist nur in der **1. Person Singular** unregelmäßig.
⚠ Achte darauf, dass **dais** (2. Person Plural) keinen Akzent trägt.

33 Das Objektpronomen (1) | El pronombre de complemento (1)

33.1 Das indirekte Objektpronomen | El pronombre de complemento indirecto

Ella	**me**	escribe.	Sie schreibt **mir**.
«Hoy	**te**	doy el dinero.»	Heute gebe ich **dir** das Geld.
Él	**le**	manda algo.	Er schickt **ihm/ihr** etwas.
«¿Y	**nos**	escribís?»	Und schreibt ihr **uns**?
«¿Él	**os**	cuenta mucho?»	Erzählt er **euch** viel?
Ella	**les**	da algo.	Sie gibt **ihnen** etwas.

Die indirekten Objektpronomen heißen **me/te/le/nos/os/les**. Sie sind außer in der 3. Person identisch mit den Reflexivpronomen. ▶ Nr. 28, S. 20
⚠ Die Formen **le** („ihm", „ihr") und **les** („ihnen") stehen sowohl für maskuline als auch für feminine Objekte.

Yo **le** pregunto todo. — Indirektes Objektpronomen (wem?)
Ich frage **ihn/sie** alles. — Direktes Objektpronomen (wen?)

⚠ Nur bei wenigen Verben entspricht ein indirektes Objektpronomen im Spanischen einem direkten Objektpronomen im Deutschen.

22 veintidós

Mi vida de cada día | ¿Qué tal en el instituto?   **4**

33.2 Die Stellung des Pronomens | La posición del pronombre

«**Le** cuento todo.»	Ich erzähle **ihm/ihr** alles.	Die Objektpronomen stehen **vor** dem konjugierten Verb. Bei Verneinungen gilt die Reihenfolge **no** – **Objektpronomen** – **konjugiertes Verb**.
«<u>No</u> **le** cuento todo.»	Ich erzähle **ihm/ihr** <u>nicht</u> alles.	

«**Os** quiero comprar un regalo.» / «Quiero comprar**os** un regalo.»	Ich möchte euch ein Geschenk kaufen.	Wie die Reflexivpronomen können die Objektpronomen vor dem konjugierten Modalverb stehen oder an den Infinitiv des Hauptverbs angeschlossen werden. ▶ Nr. 28, S. 20
«¿**Me** puedes leer la tarjeta?» / «¿Puedes leer**me** la tarjeta?»	Kannst du mir die Postkarte vorlesen?	

34 Estar + Adjektiv | Estar + adjetivo

Estoy superfeliz.	Ich bin überglücklich.
Diego **está** contento.	Diego ist zufrieden.

Adjektive, die einen **vorübergehenden Zustand** wie z. B. Stimmungen oder Befindlichkeiten ausdrücken, stehen mit **estar**.

estar	nervioso/-a solo/-a harto/-a contento/-a feliz

DENK DARAN!
Gleiche das Adjektiv in Genus und Numerus an das Subjekt an.

35 Der Gebrauch von ser und estar (2) | El uso de ser y estar (2)

Diego **es** un chico tranquilo, pero <u>hoy</u> **está** un poco nervioso porque tiene un examen.
Diego **ist** ein ruhiger Junge, aber <u>heute</u> **ist** er ein bisschen nervös, weil er eine Klassenarbeit hat.

Laura **es** una chica maja, pero <u>hoy</u> **está** harta del instituto.
Laura **ist** ein nettes Mädchen, aber <u>heute</u> **ist** sie von der Schule genervt.

Dauerhafte Eigenschaften drückt man im Spanischen mit **ser** aus, sich verändernde bzw. vorübergehende Zustände mit **estar**.

LERNTIPP
Wiederhole die Regeln zum Gebrauch von **ser** und **estar** aus Unidad 2. ▶ Nr. 12, S. 11

veintitrés **23**

4 Mi vida de cada día | ¿Qué tal en el instituto?

36 Das Adjektiv (2): Die verkürzten Formen buen und mal | El adjetivo (2): los adjetivos apocopados buen y mal

	♂	♀
Singular	un **buen** día un **mal** día ein guter/schlechter Tag	una **buena** idea una **mala** idea eine gute/schlechte Idee
Plural	**buenos** libros **malos** libros gute/schlechte Bücher	**buenas** películas **malas** películas gute/schlechte Filme

Die Adjektive **bueno/-a** („gut") und **malo/-a** („schlecht") stehen oft vor dem Substantiv. Die Formen **bueno** und **malo** werden vor einem **maskulinen** Substantiv im **Singular** zu **buen** bzw. **mal** verkürzt. In allen anderen Fällen bleibt die Endung des Adjektivs erhalten.

DENK DARAN!
buen/mal + maskulines Substantiv im Singular

Es un **buen** libro.
Es un libro <u>muy</u> **bueno**.

⚠ Wenn das Adjektiv durch das Adverb **muy** („sehr") genauer bestimmt wird, stehen beide meist **nach** dem Substantiv.

37 Die Indefinitbegleiter mucho und poco | Los determinantes indefinidos mucho y poco

	♂	♀
Singular	**mucho** tiempo **poco** tiempo viel/wenig Zeit	**mucha** gente **poca** gente viel/wenig Leute
Plural	**muchos** vídeos **pocos** vídeos viele/wenige Videos	**muchas** preguntas **pocas** preguntas viele/wenige Fragen

Die Indefinitbegleiter **mucho/-a** („viel") und **poco/-a** („wenig") werden wie gewöhnliche Adjektive auf **-o** an das Substantiv angeglichen. Die Endungen sind **-o/-a/-os/-as**.

4B ¿QUÉ TE GUSTA HACER?

38 Das Verb gustar | El verbo gustar

Me **gusta** el fútbol.
Le **gusta** escribir.
¿Te **gustan** los deportes?

Mir gefällt Fußball.
Er/Sie schreibt gerne.
Gefällt dir Sport?

Vom Verb **gustar** („mögen", „gerne (tun)", „gefallen") verwendet man meistens nur die Formen **gusta** und **gustan**. Du verwendest **gustar** wie das deutsche Verb „gefallen": <u>etwas</u> gefällt mir/dir ...

Objekt- pronomen	Verb- form	Subjekt	
Me Te Le Nos Os Les	gusta gusta gustan	el coro. bailar. los grafitis.	(= Substantiv im Singular) (= Infinitiv) (= Substantiv im Plural)

Welche Form von **gustar** du brauchst, richtet sich nach dem <u>Subjekt</u>, also der Person oder Sache, die jemandem gefällt. Das Subjekt kann auch ein Verb im Infinitiv sein, in diesem Fall steht immer **gusta**.
Wem etwas gefällt, wird durch das **indirekte Objektpronomen** ausgedrückt.
▶ Nr. 33, S. 22

24 veinticuatro

Mi vida de cada día | ¿Qué te gusta hacer?

Me gusta cantar. / Cantar me gusta.	Ich singe gerne.	Das Subjekt kann am Anfang oder am Ende des Satzes stehen.
Le gusta el rock. / El rock le gusta.	Er/Sie mag Rock.	

Me gustan las gorras. — Ich mag Mützen.
¿Os gustan los deportes? — Mögt ihr Sport?

⚠ Nach **gusta/n** steht das Substantiv im Spanischen immer mit dem **bestimmten Artikel**. Das ist wie im Französischen:
SPA Me gusta **el** voleibol.
FRA J'aime **le** volley.

39 Personalpronomen mit Präpositionen | Pronombres personales con preposiciones

	A mí	me gusta cantar.	Ich mag singen.
¿Y	a ti?		Und du?
	A él/ella	le gusta el teatro.	Er/Sie mag Theater.
	A nosotros/-as	nos gusta leer.	Wir lesen gerne.
¿Y	a vosotros/-as?		Und ihr?
	A ellos/-as	les gusta el fútbol.	Sie mögen Fußball.

Du kennst schon den Gebrauch der Personalpronomen nach der Präposition **con**. ▶ Nr. 19, S. 15
Auch in Verbindung mit anderen Präpositionen gibt es nur Sonderformen für die 1. und 2. Person Singular: **mí** und **ti**. In den übrigen Personen wird das Subjektpronomen benutzt.

DENK DARAN! ¡!
mí   mit Akzent
ti   ohne Akzent

«Tú preguntas algo a la profe y **a ti** sí **te** contesta, pero **a mí** no.» — Du fagst die Lehrerin etwas und **dir** antwortet sie schon, aber **mir** nicht.

Diese Konstruktion wird benutzt:
– um die Person(en) zu betonen.
– wenn der Satz unvollständig ist.
⚠ Das unbetonte Objektpronomen (**me**, **te**, **le**, **nos**, **os**, **les** ▶ Nr. 32, S. 22) muss vor dem Verb wiederholt werden!

veinticinco **25**

4C SEMANA BLANCA

40 Der Imperativ | El imperativo

Infinitiv	habl**ar**	com**er**	escrib**ir**
Singular (**tú**)	¡habl**a**!	¡com**e**!	¡escrib**e**!
Plural (**vosotros/-as**)	¡habl**ad**!	¡com**ed**!	¡escrib**id**!

Der Imperativ der 2. Person Singular wird gebildet, indem man das **-s** der 2. Person Singular Präsens wegfallen lässt.
Der Imperativ der 2. Person Plural wird gebildet, indem man das **-r** des Infinitivs durch ein **-d** ersetzt.

levantarse:	¡Lev**á**nta**te**!
apuntarse:	¡Ap**ú**nta**te**!
acordarse:	¡Ac**ué**rda**te**!
irse:	¡Ve**te**!

Für den Imperativ Singular der reflexiven Verben wird das **Reflexivpronomen** direkt an die Imperativform angehängt.
⚠ Wegen der Betonungsregeln (s. S. 50) erhalten Verben einen Akzent, deren Imperativform (ohne dem Reflexivpronomen) **mehrsilbig** ist.

	Singular	Plural
venir:	**Ven** aquí.	Venid aquí.
tener:	**Ten** cuidado.	Tened cuidado.
hacer:	**Haz** los deberes.	Haced los deberes.
ir:	**Ve** al instituto.	Id al instituto.
poner:	**Pon** el boli allí.	Poned el boli allí.

⚠ Einige Formen sind im **Singular** unregelmäßig.

LERNTIPP
Denke dir eine Situation für jede unregelmäßige Form aus und bilde damit einen Beispielsatz.

41 Das Verb salir | El verbo salir

Infinitiv			salir	
Singular	1.	«Hoy no	s**alg**o	de casa.»
	2.	«¿A qué hora	s**a**les	de clase?»
	3.	El bus	s**a**le	a la una.
Plural	1.	«¿Por qué no	salimos	hoy?»
	2.	«¿Vosotras	sal**í**s	conmigo?»
	3.	Los chicos	s**a**len	juntos.
Imperativ			«¡**Sal**	de aquí!»
			«¡Sal**i**d	del bus!»

Das Verb **salir** („weggehen", „abfahren") ist nur in der **1. Person Singular** und im **Imperativ Singular** unregelmäßig.

WEISST DU'S? ▶ Lösungen
Welche Verben kennst du schon, deren 1. Person Singular auf **-go** endet?

Mi vida de cada día | Semana blanca

4

42 Das Verb saber | El verbo saber

Infinitiv	saber	
Singular	1. «Sé	esquiar.»
	2. «¿Sabes	tocar la guitarra?»
	3. Sabe	bailar.
Plural	1. «Sabemos	hablar español.»
	2. «¿Sabéis	cantar?»
	3. Saben	ir en bici.

Das Verb **saber** („wissen", „können") ist nur in der **1. Person Singular** unregelmäßig.

43 Die Modalverben (2): Gebrauch von saber und poder | Los verbos modales (2): uso de saber y poder

Ahora tengo tiempo, **podemos** ir al cine.
Jetzt habe ich Zeit, wir können ins Kino gehen.

Diego **sabe** esquiar.
Diego kann Skifahren. (= Weil er es gelernt hat.)
Hoy no **puede** esquiar porque le duele una pierna.
Heute kann er nicht Ski fahren, weil ihm ein Bein weh tut.

Daniel no **sabe** escribir.
Daniel kann nicht schreiben. (= Weil er es nicht gelernt hat.)
Alba no **puede** escribir.
Alba kann nicht schreiben. (= Weil sie sich die Hand verstaucht hat.)

Im Spanischen gibt es zwei Verben für das deutsche Verb „können": **Poder** benutzt man, wenn man etwas wegen äußerer Umstände (nicht) kann oder daran gehindert wird, es zu tun. **Poder** drückt also eine **Möglichkeit** aus. **Saber** wird benutzt, wenn man (nicht) weiß, wie etwas geht, weil man es (nicht) gelernt hat. **Saber** drückt also eine **Fähigkeit** aus.

Im Französischen gibt es dieselbe Unterscheidung zwischen **savoir** und **pouvoir**:
SPA Sabe tocar la guitarra.
FRA Il/Elle sait jouer de la guitare.
SPA No puede tocar la guitarra.
FRA Il/Elle ne peut pas jouer de la guitare.

DENK DARAN!
poder = Möglichkeit
saber = erlernte Fähigkeit

44 Das Verb caerse | El verbo caerse

Infinitiv	caerse
Singular	1. me caigo
	2. te caes
	3. se cae
Plural	1. nos caemos
	2. os caéis
	3. se caen

Das Verb **caerse** („(hin)fallen", „stürzen") ist nur in der **1. Person Singular** unregelmäßig.

veintisiete 27

45 Das Verb doler | El verbo doler

Me **duele** la mano.	Mir tut die Hand weh.
Me **duele** correr.	Mir tut es weh zu laufen.
Me **duelen** los ojos.	Mir tun die Augen weh.

Objektpronomen	Verbform	Subjekt	
Me			
Te			
Le	duele	la espalda.	(= Substantiv im Singular)
Nos	duele	hablar.	(= Infinitiv)
Os	duelen	las piernas.	(= Substantiv im Plural)
Les			

Das Verb **doler** („weh tun") funktioniert wie das Verb **gustar** (▶ Nr. 38, S. 24). Du brauchst meistens nur die Formen **duele** und **duelen**.

Welche Form von **doler** du brauchst, richtet sich nach dem Subjekt, also dem, **was** jemandem weh tut.
Wem etwas weh tut, wird durch das **indirekte Objektpronomen** (▶ Nr. 33, S. 22) ausgedrückt.

APRENDER MEJOR LA GRAMÁTICA

Grammatikregeln formulieren

A Lies dir ein Grammatikkapitel sorgfältig durch und schreibe die Regeln aus der rechten Spalte in eigenen Worten auf eine Karteikarte. Ergänze dann ein Beispiel, das du dir besonders gut merken kannst.
➡ Probiere das für das Verb **gustar** aus. ▶ Nr. 38, S. 24

B Sieh dir die Beispiele in der linken Spalte des Grammatikkapitels eine Minute lang an und überlege, welche Funktion die grammatische Struktur hat. Schreibe deine Vermutung auf ein Blatt. Überprüfe deine Vermutung, indem du den Lektionstext überfliegst und nach weiteren Beispielen suchst. Vergleiche zum Schluss deine Vermutung mit der rechten Spalte des Grammatikhefts. Stimmt deine Vermutung?
➡ Probiere das für die Unterscheidung von **poder** und **saber** aus. ▶ Nr. 43, S. 27

5 PADRES E HIJOS

¡ACÉRCATE!

46 Die Fragewörter ¿cuál? und ¿qué? | Las palabras interrogativas ¿cuál? y ¿qué?

– ¿La chica del jersey rojo va a tu clase? – ¿**Cuál** de las dos?	Welche von beiden?	Das Fragepronomen **¿cuál?** entspricht dem deutschen „welche/r, welches". Es hat auch eine Pluralform: **¿cuáles?** **¿Cuál?** wird verwendet, wenn zwischen mehreren Gegenständen oder Personen ausgewählt werden soll. Als Pronomen **ersetzt** es das Substantiv.
– ¿Ves a esos chicos? – ¿A **cuáles**?	Welche?	
– Hay tres gorras. ¿**Cuál** quieres? – La roja.	… Welche magst du?	

– ¿**Qué** chico te gusta? – El chico moreno.	Welcher Junge gefällt dir?	Auch das Fragewort **¿qué?** heißt „welche/r, welches". In dieser Bedeutung steht es immer **direkt vor** einem Substantiv: **¿qué?** + Substantiv.
– ¿**Qué** día es hoy? – Miércoles.	Welcher Tag ist heute?	

47 Das Relativpronomen que | El pronombre relativo que

El chico **que** lleva la cazadora negra se llama Tomás. Der Junge, **der** die schwarze Jacke trägt, heißt Tomás.	(que = Subjekt)	Das Relativpronomen **que** ist unveränderlich. Es steht sowohl für Personen als auch für Gegenstände, im Singular oder im Plural. Es kann im Relativsatz Subjekt (wer? / was?) oder direktes Objekt (wen? / was?) sein.
¿Ves a la chica **que** tiene el pelo largo? Siehst du das Mädchen, **das** lange Haare hat?	(que = Subjekt)	
¿Las zapatillas **que** llevas son nuevas? Sind die Sportschuhe, **die** du trägst, neu?	(que = direktes Objekt)	**DENK DARAN!** Unterscheide das Fragepronomen **¿qué?** und das Relativpronomen **que**: Das Relativpronomen **que** trägt keinen Akzent.
El libro **que** lees es interesante. Das Buch, **das** du liest, ist interessant.	(que = direktes Objekt)	

veintinueve **29**

5 Padres e hijos | Vaqueros nuevos

5A VAQUEROS NUEVOS

48 Die Demonstrativbegleiter und -pronomen | Los determinantes y los pronombres demostrativos

– ¿Te gusta **este** jersey?   (= Demonstrativbegleiter)
Magst du **diesen** Pulli?

– No, prefiero **este**.   (= Demonstrativpronomen)
Nein, ich mag lieber **diesen**.

Demonstrativ<u>begleiter</u> bestimmen ein Substantiv näher. Sie stehen immer direkt vor dem Substantiv.
Demonstrativ<u>pronomen</u> dagegen ersetzen ein Substantiv.

48.1 Formen | Morfología

	♂	♀
Singular	est**e** chico	est**a** chica
Plural	est**os** chicos	est**as** chicas

Este/Esta bedeutet „diese/r (hier), dieses (hier)".

	♂	♀
Singular	es**e** chico	es**a** chica
Plural	es**os** chicos	es**as** chicas

Ese/Esa bedeutet „der / die / das (da)".
Die Demonstrativpronomen **este/-a** und **ese/-a** haben dieselben Formen wie die Demonstrativbegleiter.

48.2 Gebrauch | Uso

Estos vaqueros son muy caros.
Diese Jeans (**hier**) sind sehr teuer.

Esas zapatillas no me gustan.
Die Turnschuhe (**da**) gefallen mir nicht.

Aquí hay pantalones, ¿no te gustan **estos de aquí**?
Hier sind Hosen, gefallen dir **diese hier** nicht?

No sé, pero **esos de ahí** me gustan.
Ich weiß nicht, aber **die da** gefallen mir.

Im Spanischen wird genauer als im Deutschen unterschieden, wie weit ein Gegenstand oder eine Person vom Sprecher entfernt ist: **Este/Esta** wird für Gegenstände oder Personen in der direkten Umgebung des Sprechers verwendet, **ese/esa** für etwas weiter entfernte Gegenstände oder Personen.
Diese Unterscheidung gibt es auch im Englischen:

SPA	**esta** chica de **aquí**	**esa** chica de **ahí**
ENG	**this** girl **here**	**that** girl **over there**

Este es el chico que quiere hablar contigo.
Das ist der Junge, der mit dir sprechen will.

Esas son las chicas nuevas de nuestra clase.
Das sind die neuen Mädchen in unserer Klasse.

⚠ Anders als im Deutschen werden auch die Demonstrativpronomen am Satzanfang an die entsprechenden Substantive in Numerus und Genus angeglichen.

5B ESTOY HABLANDO POR TELÉFONO

49 Die Verlaufsform | Estar + gerundio

49.1 Bildung des gerundio | Morfología del gerundio

Infinitiv	trabaj**ar**	com**er**	escrib**ir**
gerundio	trabaj**ando**	com**iendo**	escrib**iendo**

Die Endung des **gerundio** für die Verben auf -**ar** lautet -**ando**, für die Verben auf -**er** und -**ir** lautet sie -**iendo**.

leer (→ le**y**endo): Diego está **leyendo** un libro.
ir (→ **y**endo): Laura está **yendo** al cine.
creer (→ cre**y**endo): Vega no te está **creyendo**.

⚠ Bei Verben, deren Stamm auf einen Vokal endet, wie z. B. **leer**, wird bei der **gerundio**-Endung das -i- durch ein -y- ersetzt:
leer → **leyendo**.

dormir (→ d**u**rmiendo): Roberto está **durmiendo**.
venir (→ v**i**niendo): ¿Laura? Está **viniendo** aquí.

⚠ Bei einigen Gruppenverben ändert sich der Stammvokal im **gerundio**.

49.2 Gebrauch | Uso

estar	gerundio
Estoy	**estudiando**.
Estás	**hablando** por teléfono.
Está	**escribiendo** una tarjeta.
Estamos	**haciendo** los deberes.
Estáis	**escuchando** música.
Están	**comiendo**.

Die Verlaufsform (**estar** + **gerundio**) bringt zum Ausdruck, dass etwas **gerade geschieht**. Die Entsprechung im Deutschen lautet: „Ich lerne **gerade** / du telefonierst **gerade** / …"
Die Verlaufsform gibt es auch im Englischen:
SPA Estoy estudiando.
ENG I am studying.

Se está duchando. / Está duch**á**ndo**se**.
Er/Sie duscht gerade.

Se están hablando por teléfono. / Están habl**á**ndo**se** por teléfono.
Sie telefonieren gerade miteinander.

Nos estamos cambiando. / Estamos cambi**á**ndo**nos**.
Wir ziehen uns gerade um.

Bei den reflexiven Verben steht das Reflexivpronomen entweder **vor** der konjugierten Form von **estar** oder es wird an das **gerundio** angeschlossen.
⚠ Im letzten Fall bekommt der Stammvokal wegen der Betonungsregeln (s. S. 50) einen Akzent.

LERNTIPP
Wiederhole die Betonungsregeln auf S. 50.

5 Padres e hijos | ¡Ya soy mayor!

50 Acabar de + Infinitiv | Acabar de + infinitivo

Acabo de hablar con Laura.
Ich habe **gerade** mit Laura gesprochen.

Acaba de irse.
Er/Sie ist **gerade** weggegangen.

Acaba de llamar un chico.
Es hat **gerade** ein Junge angerufen.

Mit **acabar de** + **Infinitiv** wird ausgedrückt, dass jemand etwas **gerade getan hat**.
Im Französischen gibt es eine ähnliche Konstruktion:
SPA   **Acabo de** hacer los deberes.
FRA   **Je viens de** faire les devoirs.

5C ¡YA SOY MAYOR!

51 Das Objektpronomen (2) | El pronombre de complemento (2)

51.1 Das direkte Objektpronomen | El pronombre de complemento directo

Vega	**me**	entiende.	Vega versteht **mich**.
Laura	**te**	mira.	Laura sieht **dich** an.
¿Y Diego? No	**lo**	veo.	Ich sehe **ihn** nicht.
¿Y Alba? ¿Tú	**la**	ves?	Siehst du **sie**?
¿Por qué	**nos**	buscas?	Warum suchst du **uns**?
Ellos	**os**	ven.	Sie sehen **euch**.
¿Tus libros? ¡Ya	**los**	tienes!	Du hast **sie** schon!
Y las chicas, ¿	**las**	llamáis?	... ruft ihr **sie** an?

Die direkten Objektpronomen heißen **me**, **te**, **lo/la**, **nos**, **os**, **los/las**. Die Formen unterscheiden sich nur in der 3. Person Singular und Plural von den indirekten Objektpronomen (▶ Nr. 33, S. 22): **lo** und **los** stehen für maskuline direkte Objekte, **la** und **las** für feminine direkte Objekte.

51.2 Die Stellung des Pronomens | La posición del pronombre

No **te** veo.
Lo quiero ver.
¿Mi diario? **Lo** escondo siempre.

Ich sehe **dich** nicht.
Ich möchte **ihn** sehen.
Mein Tagebuch? Ich verstecke **es** immer.

Das direkte Objektpronomen steht direkt **vor** dem konjugierten Verb. Das ist genauso wie bei den Reflexivpronomen (▶ Nr. 28, S. 20) und den indirekten Objektpronomen (▶ Nr. 33, S. 22).

¿**Me** puedes llamar? /
¿Puedes llamar**me**?

Kannst du mich anrufen?

Manuel **la** está buscando. /
Manuel está buscánd**ola**.

Manuel sucht sie gerade.

Lo estoy leyendo. /
Estoy leyénd**olo**.

Ich lese es gerade.

Die Objektpronomen können auch an den Infinitiv angehängt werden.
Wenn die Objektpronomen an die **gerundio**-Form angehängt werden, erhält der Stammvokal wegen der Betonungsregeln (s. S. 50) einen Akzent. ▶ Nr. 49, S. 31

– ¿Escuchas a tu **padre/madre**?
– Sí, **lo/la** escucho.

Direktes Objektpronomen (wen?)

 Ja, ich höre **ihm/ihr** zu.

Indirektes Objektpronomen (wem?)

⚠ Das Verb **escuchar** verlangt im Spanischen ein direktes Objekt, das deutsche Verb „zuhören" dagegen ein indirektes Objekt.

32 treinta y dos

Padres e hijos | ¡Ya soy mayor! **5**

52 Übersicht: Die Pronomen | Síntesis: los pronombres

		Subjektpronomen	Objektpronomen		Reflexivpronomen
		(Nominativ: wer? / was?)	indirektes Objekt (Dativ: wem?)	direktes Objekt (Akkusativ: wen? / was?)	
Singular	1.	yo		me	
	2.	tú		te	
	3.	él/ella	le	lo/la	se
Plural	1.	nosotros/nosotras		nos	
	2.	vosotros/vosotras		os	
	3.	ellos/ellas	les	los/las	se

53 Verben mit Stammvokaländerung -e- → -i- | Verbos que cambian la raíz -e- → -i-

Infinitiv		pedir
Singular	1.	pido
	2.	pides
	3.	pide
Plural	1.	pedimos
	2.	pedís
	3.	piden
gerundio		pidiendo
Imperativ		¡pide! ¡pedid!

Das Verb **pedir** („bitten", „bestellen") ist ein Gruppenverb, das in den drei Singularformen und in der 3. Person Plural den Stammvokal -e- zu -i- ändert.

⚠ Achte auf den Stammvokalwechsel beim **gerundio** und in der Singularform des Imperativs: -e- → -i-.

54 Das Verb decir | El verbo decir

Infinitiv		decir
Singular	1.	digo
	2.	dices
	3.	dice
Plural	1.	decimos
	2.	decís
	3.	dicen
gerundio		diciendo
Imperativ		¡di! ¡decid!

Das Verb **decir** („sagen") ist in der **1. Person Singular Präsens** sowie im **Imperativ Singular** unregelmäßig. Die übrigen Formen werden wie **pedir** konjugiert. ▶ Nr. 53, S. 33

treinta y tres **33**

5 Padres e hijos | ¡Ya soy mayor!

55 Die indirekte Rede ohne Zeitverschiebung | El estilo indirecto sin cambio de tiempo verbal

55.1 Der indirekte Aussagesatz | El enunciado indirecto

Direkte Rede	Indirekte Rede
Laura: «Ya no soy una niña.»	Laura **dice que** ya no es una niña.
Laura: „Ich bin kein Kind mehr."	Laura **sagt, dass** sie kein Kind mehr ist.
Laura: «Mi madre me controla.»	Laura **escribe que** su madre la controla.
Laura: „Meine Mutter kontrolliert mich."	Laura **schreibt, dass** ihre Mutter sie kontrolliert.
Laura y Manuel: «Nuestra madre nos hace muchas preguntas.»	Laura y Manuel **cuentan que** su madre les hace muchas preguntas.
Laura und Manuel: „Unsere Mutter stellt uns viele Fragen."	Laura und Manuel **erzählen**, dass ihre Mutter ihnen viele Fragen stellt.

Direkte Rede	Indirekte Rede
Luisa: «Tienes que tener paciencia.»	Luisa explica que Laura tiene que tener paciencia.
Luisa: „Du musst Geduld haben."	Luisa erklärt, **dass** Laura Geduld haben muss.

Die indirekte Rede wird verwendet, um wiederzugeben, was jemand gesagt hat. Sie wird mit einem Verb wie **decir**, **contar**, **explicar**, **escribir** und der Konjunktion **que** („dass") eingeleitet.

⚠ Anders als im Deutschen kann die Konjunktion **que** nicht weggelassen werden. Vor **que** steht kein Komma.

> **DENK DARAN!**
> Passe die Verben, Pronomen und Begleiter wie im Deutschen an die veränderte Sprecherperspektive an!

⚠ Die Satzstellung in der indirekten Rede ist im Spanischen dieselbe wie die in der direkten Rede. Das ist anders als im Deutschen.

55.2 Die indirekte Frage | La interrogación indirecta

Direkte Rede	Indirekte Rede
La madre: «¿**Adónde** te vas?»	La madre **pregunta** a Laura **adónde** se va.
Die Mutter: „**Wohin** gehst du?"	Die Mutter **fragt** Laura **wohin** sie geht.
Mi madre: «¿**Con quién** estás hablando?»	Mi madre me **pregunta con quién** estoy hablando.
Meine Mutter: „**Mit wem** sprichst du gerade?"	Meine Mutter fragt mich, **mit wem** ich gerade spreche.
Los padres: «¿**Quieres** estudiar?»	Los padres preguntan a Paco **si** quiere estudiar.
Die Eltern: „**Möchtest** du studieren?"	Die Eltern fragen Paco, **ob** er studieren möchte.

Die indirekte Frage wird mit Verben wie **preguntar**, **querer saber** und dem Fragewort aus der direkten Frage eingeleitet, z. B. **cuándo**, **por qué**, **quién**, **qué**, **adónde**, **dónde**.

> **DENK DARAN!**
> Die Fragewörter behalten den Akzent in der indirekten Frage. Vor dem Fragewort steht kein Komma.

Wenn man die direkte Frage mit „ja" oder „nein" beantworten kann (Entscheidungsfrage), wird die indirekte Frage mit **si** („ob") eingeleitet.

34 treinta y cuatro

Laura:	Laura quiere saber	⚠ Die Satzstellung in der indirekten Frage ist
«¿**Qué** <u>puedo</u> hacer?»	**qué** <u>puede</u> hacer.	im Spanischen dieselbe wie die in der direkten
Laura:	Laura möchte wissen,	Frage. Das ist anders als im Deutschen.
„**Was** <u>kann ich</u> tun?"	**was** <u>sie</u> tun <u>kann</u>.	

56 Das Verb conocer (-c- → -zc-) | El verbo conocer (-z- → -zc-)

Infinitiv		conocer
Singular	1.	con**o**zco
	2.	con**o**ces
	3.	con**o**ce
Plural	1.	conocemos
	2.	conocéis
	3.	con**o**cen

Das Verb **conocer** („kennen", „kennenlernen") ist nur in der **1. Person Singular** unregelmäßig.

APRENDER MEJOR LA GRAMÁTICA

Grammatikfehler feststellen

A Bearbeite im Schülerbuch im Resumen die Übungen „Teste deine Grammatikkenntnisse" und überprüfe deine Antworten mithilfe der Lösungen. Überlege dir, was du schon ganz gut kannst und, wenn nötig, was du noch üben solltest.

➡ Mache das auch für die früheren Lektionen. So findest du schnell heraus, was du vielleicht noch wiederholen solltest.

B Wiederhole ein Grammatikkapitel mithilfe des Grammatikhefts sowie deiner Aufzeichnungen aus dem Unterricht. Lies dann einen Text von dir durch und überprüfe, ob du die Regel immer richtig angewendet hast. Wenn du dir nicht sicher bist, frage einen Mitschüler / eine Mitschülerin oder deinen Lehrer / deine Lehrerin.

➡ Probiere das mit den Demonstrativpronomen und -begleitern aus. ▶ Nr. 48, S. 30

COLOMBIA

6A AYER EN BOGOTÁ

57 Das pretérito indefinido (1) | El pretérito indefinido (1)

57.1 Regelmäßige Verben | Verbos regulares

Infinitiv			pasar	comer	salir
Singular		1.	pasé	comí	salí
		2.	pasaste	comiste	saliste
		3.	pasó	comió	salió
Plural		1.	pasamos	comimos	salimos
		2.	pasasteis	comisteis	salisteis
		3.	pasaron	comieron	salieron

Das **pretérito indefinido** ist eine sehr häufig verwendete Vergangenheitsform im Spanischen.
Die Endungen der Verben auf **-ar** sind
-é / -aste / -ó / -amos / -asteis / -aron.
Die Endungen der Verben auf **-er** und **-ir** sind
-í / -iste / -ió / -imos / -isteis / -ieron.

> **LERNTIPP**
> Sprich die Formen beim Lernen laut aus, die Vokale der betonten Silbe sind in der Tabelle unterstrichen. Denke auch an die Akzente der 1. und 3. Person Singular!

Hoy **ensayamos** una hora y ayer **ensayamos** tres.
Heute proben wir eine Stunde lang und gestern haben wir drei geprobt.

Hoy **escribimos** una tarjeta y ayer **escribimos** dos.
Heute schreiben wir eine Postkarte und gestern haben wir zwei geschrieben.

Bei den Verben auf **-ar** und **-ir** ist die Form der 1. Person Plural des **pretérito indefinido** identisch mit der Form der 1. Person Plural Präsens.

Sandra: «Hoy **estudio** mucho.»
Sandra: „Heute lerne ich viel."

Carlitos: «Sandra **estudió** mucho ayer.»
Carlitos: „Sandra hat gestern viel gelernt."

⚠ Die 3. Person Singular im **pretérito indefinido** der Verben auf **-ar** unterscheidet sich in der Schreibung von der 1. Person Singular Präsens nur durch den Akzent.
Achte auf die unterschiedliche Betonung!

Colombia | Ayer en Bogotá

7.2 Orthografische Besonderheiten | Particularidades ortográficas

		-gar: -g- → -gu-	-car: -c- → -qu-	-zar: -z- → -c-
Infinitiv		llegar	buscar	empezar
pretérito indefinido	1. 2. 3.	llegué llegaste …	busqué buscaste …	empecé empezaste …

Wegen der Ausspracheregeln (s. S. 49–50) ändert sich bei den Verben auf **-car**, **-gar** und **-zar** die Schreibung in der **1. Person Singular**.

<u>ebenso:</u>

-g- → -gu-: jugar: jugué, jugaste…
　　　　　　 pagar: pagué, pagaste…
-c- → -qu-: explicar: expliqué, explicaste…
　　　　　　 tocar: toqué, tocaste…
　　　　　　 sacar: saqué, sacaste…

7.3 Das pretérito indefinido von ser und ir | El pretérito indefinido de ser e ir

Infinitiv		ser / ir
Singular	1. 2. 3.	fui fuiste fue
Plural	1. 2. 3.	fuimos fuisteis fueron

Die Verben **ser** („sein") und **ir** („gehen", „fahren") haben im **pretérito indefinido** dieselben Formen. Man kann nur aus dem Satzzusammenhang erschließen, ob es sich um eine Form von **ser** oder **ir** handelt.

DENK DARAN!
Alle Formen des **pretérito indefinido** von **ser** und **ir** werden ohne Akzent geschrieben.

Die Formen sind fast mit den lateinischen Perfekt-Aktiv-Formen von **esse** („sein") identisch:

LAT	fui	fuimos
	fuisti	fuistis
	fuit	fuerunt

7.4 Gebrauch (1) | Uso (1)

Ayer fuimos al concierto.	Gestern sind wir ins Konzert gegangen.
Llegó **hace** tres días.	Er/Sie kam vor drei Tagen an.
Me acosté **a las diez**.	Ich bin um zehn ins Bett gegangen.
El mes pasado Carlitos cumplió 15 años.	Letzten Monat ist Carlitos 15 geworden.

Das **pretérito indefinido** steht oft mit konkreten Zeitangaben der Vergangenheit wie **ayer / hace (dos días) / a las (tres) / el sábado pasado**.

Colombia | El Golombiao

58 Die Präposition hace | La preposición hace

Hace una semana Diego llegó a Bogotá.
Vor einer Woche ist Diego in Bogotá angekommen.

El concierto empezó **hace** media hora.
Das Konzert hat **vor** einer halben Stunde begonnen.

Hace heißt „vor" und ist eigentlich die Form der 3. Person Singular Präsens von **hacer**. Wenn **hace** vor einer Zeitangabe steht, hat es die Funktion einer Präposition.
Im Französischen gibt es eine ähnliche Konstruktion:
SPA   **Hace** una semana …
FRA   **Il y a** une semaine …

59 Der Temporalsatz mit cuando | La oración temporal con cuando

Cuando Sandra salió de casa, la llamó por teléfono Carlitos.
Als Sandra aus dem Haus gegangen ist, hat Carlitos sie angerufen.

Die Konjunktion **cuando** („als") leitet oft einen temporalen Nebensatz ein.

Ana entra en mi habitación **cuando** estoy con mis amigos.
Ana kommt in mein Zimmer, **(immer) wenn** ich Freunde da habe.

Im Präsenssatz hat **cuando** die Bedeutung „(immer) wenn".

> **DENK DARAN!**
> Unterscheide das Fragepronomen **¿cuándo?** („wann") und die Konjunktion **cuando** („als", „wenn").

6B EL GOLOMBIAO

60 Das pretérito indefinido (2) | El pretérito indefinido (2)

60.1 Wichtige unregelmäßige Verben | Verbos irregulares importantes

Infinitiv		estar	tener	poder
Singular	1.	estuve	tuve	pude
	2.	estuviste	tuviste	pudiste
	3.	estuvo	tuvo	pudo
Plural	1.	estuvimos	tuvimos	pudimos
	2.	estuvisteis	tuvisteis	pudisteis
	3.	estuvieron	tuvieron	pudieron

Diese Verben sind im **pretérito indefinido** unregelmäßig. Sie tragen in allen ihren Formen **keinen** Akzent, da ihre Betonung regelmäßig ist (s. S. 50).

6

Colombia | El Golombiao

Infinitiv		hacer	querer	venir
Singular	1.	hice	quise	vine
	2.	hiciste	quisiste	viniste
	3.	hizo	quiso	vino
Plural	1.	hicimos	quisimos	vinimos
	2.	hicisteis	quisisteis	vinisteis
	3.	hicieron	quisieron	vinieron

⚠ Das Verb **hacer** wird in der 3. Person Singular mit **-z-** geschrieben.

LERNTIPP +

Lerne die unregelmäßigen Formen unbedingt auswendig. Achte dabei auf die Betonung. Die Vokale der betonten Silbe sind in der Tabelle unterstrichen.

60.2 Gebrauch (2) | Uso (2)

El año pasado no pude participar en el campeonato.
Letztes Jahr konnte ich nicht an der Meisterschaft teilnehmen.

En 2005 tuvo lugar el primer campeonato.
2005 hat die erste Meisterschaft stattgefunden.

Al principio fue difícil.
Am Anfang war es schwierig.

Entonces vinieron más equipos.
Später sind mehr Mannschaften gekommen.

Du weißt bereits, dass das **pretério indefinido** nach konkreten Zeitangaben der Vergangenheit wie **ayer / hace (dos días) / a las (tres) / el sábado pasado** steht. Weitere Zeitangaben, nach denen das **pretérito indefinido** steht, sind z. B. **el sábado pasado / en (2005) / al principio / entonces**.

61 Der Temporalsatz mit antes de / después de + Infinitiv | La oración temporal con antes de / después de + infinitivo

Antes de ir al concierto, nos encontramos con Ana.
Bevor <u>wir</u> zum Konzert gegangen sind, haben <u>wir</u> uns mit Ana getroffen.

Antes de empezar, los equipos discuten las reglas del juego.
Bevor <u>sie</u> anfangen, diskutieren <u>die Mannschaften</u> über die Spielregeln.

Después de salir de casa, me encontré con Diego.
Nachdem <u>ich</u> aus dem Haus gegangen bin, habe <u>ich</u> Diego getroffen.

Después de comer, los chicos bailan juntos.
Nachdem <u>sie</u> gegessen haben, tanzen <u>die Jugendlichen</u> gemeinsam.

Ein Temporalsatz kann nur mit **antes de / después de + Infinitiv** eingeleitet werden, wenn das <u>Subjekt</u> im Haupt- und Nebensatz dasselbe ist.

62 Das Verb ayudar | El verbo ayudar

– ¿Ayudas **a tu padre/madre**?
– Sí, **lo/la** ayudo.   Direktes Objektpronomen (wen?)
  Ja, ich helfe **ihm/ihr**. Indirektes Objektpronomen (wem?)

Das Verb **ayudar** („helfen") erfordert im Gegensatz zum Deutschen ein <u>direktes Objekt</u>. Das ist genauso wie im Lateinischen:

SPA Lo/La ayudo.
LAT Eum/Eam adiuvo.

WEISST DU'S? ▶ Lösungen ¿?

Bei welchem anderen Verb ist das genauso?

treinta y nueve **39**

63 Der Indefinitbegleiter otro | El determinante indefinido otro

	♂	♀
Singular	otro equipo eine andere Mannschaft	otra chica ein anderes Mädchen
Plural	otros equipos andere Mannschaften	otras chicas andere Mädchen

Der Indefinitbegleiter **otro/-a** wird wie ein Adjektiv auf **-o** an das Substantiv angeglichen. Die Endungen sind **-o/-a/-os/-as**.

Quiero ver **otra** película de él.
Ich möchte **einen anderen / noch einen** Film von ihm sehen.

Otro/-a heißt „ein/e andere/r, ein anderes" oder „noch ein/e, noch eines".
⚠ Im Gegensatz zum Deutschen steht im Spanischen kein unbestimmter Artikel.

APRENDER MEJOR LA GRAMÁTICA

Grammatik üben (2)

A Suche aus dem Lektionstext die neuen grammatischen Strukturen heraus und wiederhole im Kopf die passende Regel. Zu einem späteren Zeitpunkt kannst du auch einen höheren Lektionstext dafür aussuchen.

➡ Probiere das für **antes de** + **Verb** und **después de** + **Verb** mit dem Lektionstext „El Golombiao" (Buch, S. 111) aus.

B Schreibe einen Text, in dem möglichst viele unterschiedliche Beispiele für ein Grammatikkapitel vorkommen.

➡ Schreibe eine Geschichte mit möglichst vielen **pretérito indefinido**-Formen. Überprüfe mithilfe des Grammatikhefts (▶ Nr. 57, S. 36–37; Nr. 60, S. 38–39; Los verbos, S. 51–54), ob alle Formen korrekt sind.

DE VIAJE POR ESPAÑA

¡ACÉRCATE!

64 Die Ordnungszahlen | Los números ordinales

	♂		♀	
Singular	el primero el segundo el tercero	1° 2° 3°	la primera la segunda la tercera	1ª 2ª 3ª
Plural	los primeros …		las primeras …	

Die Ordnungszahlen findest du ebenso wie die Grundzahlen (**uno**, **dos**, …) im Schülerbuch, S. 178–179.
Wenn die Ordnungszahlen als Ziffer stehen, folgt entweder ein hochgestelltes ° für die maskuline Form oder ein hochgestelltes ª für die feminine Form.

	♂	♀
Singular	el **primer** día (1ᵉʳ) el segundo examen el **tercer** piso (3ᵉʳ)	la primera calle la segunda vez la tercera chica
Plural	los primeros meses …	las primeras semanas …

Wenn die Ordnungszahlen mit einem Substantiv stehen, werden sie wie Adjektive auf **-o** an dieses angeglichen.
⚠ Vor einem maskulinen Substantiv im Singular wird **primero** zu **primer** und **tercero** zu **tercer** verkürzt.

WEISST DU'S? ▶ Lösungen ¿?
Welche anderen Adjektive werden auch vor maskulinen Substantiven im Singular verkürzt?

65 Die Verben seguir und repetir | Los verbos seguir y repetir

			seguir	repetir
	Infinitiv		**seguir**	**repetir**
Präsens	Singular	1. 2. 3.	s<u>i</u>go s<u>i</u>gues s<u>i</u>gue	rep<u>i</u>to rep<u>i</u>tes rep<u>i</u>te
	Plural	1. 2. 3.	segu<u>i</u>mos segu<u>í</u>s s<u>i</u>guen	repet<u>i</u>mos repet<u>í</u>s rep<u>i</u>ten
gerundio			sigu<u>ie</u>ndo	repit<u>ie</u>ndo
Imperativ	Singular		¡s<u>i</u>gue!	¡rep<u>i</u>te!
	Plural		¡segu<u>i</u>d!	¡repet<u>i</u>d!
pretérito indefinido	Singular	1. 2. 3.	segu<u>í</u> segu<u>i</u>ste sigu<u>ió</u>	repet<u>í</u> repet<u>i</u>ste repit<u>ió</u>
	Plural	1. 2. 3.	segu<u>i</u>mos segu<u>i</u>steis sigu<u>ie</u>ron	repet<u>i</u>mos repet<u>i</u>steis repit<u>ie</u>ron

Die Verben **repetir** („wiederholen") und **seguir** („folgen", „weitergehen") werden wie **pedir** konjugiert. ▶ Nr. 53, S. 33
Die Vokale der betonten Silbe sind in der Tabelle unterstrichen.

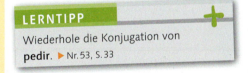
LERNTIPP
Wiederhole die Konjugation von **pedir**. ▶ Nr. 53, S. 33

Im **pretérito indefinido** wird bei den Verben wie **pedir** in der 3. Person Singular und Plural das **-e-** durch ein **-i-** ersetzt.

DENK DARAN!
Beachte bei den Formen von **seguir** die Schreibung **-gue-** und **-gui-**!

cuarenta y uno **41**

7 De viaje por España | ¡Por fin vacaciones!

7A ¡POR FIN VACACIONES!

66 Das futuro inmediato | El futuro inmediato

66.1 Bildung | Morfología

Infinitiv			ir	a	Infinitiv	
Singular		1.	Voy		ir a Alicante.	
		2.	Vas		estudiar en verano.	
		3.	Va	a	visitar a sus abuelos.	
Plural		1.	Vamos		escribir a Laura.	
		2.	Vais		ir al concierto.	
		3.	Van		bailar.	

Das **futuro inmediato** drückt aus, was in der nahen Zukunft geschehen wird. Es wird mit der konjugierten Form des Verbs **ir**, der Präposition **a** sowie dem Infinitiv eines Verbs gebildet: [ir] + a + Infinitiv.

⚠ Das ist anders als im Französischen:
SPA   Voy   a   leer el libro.
FRA   Je vais   lire le livre.

DENK DARAN!
Konjugiere beim **futuro inmediato** nur das Verb **ir**.

66.2 Stellungsregeln | Reglas de orden de oración

No voy a estudiar en verano.	Ich werde im Sommer nicht lernen.	Bei der Verneinung steht **no** vor der konjugierten Form von **ir**.
Le voy a escribir. / Voy a escribir**le**.	Ich werde ihm/ihr schreiben.	Das Objektpronomen bzw. das Reflexivpronomen steht entweder **vor** der konjugierten Form von **ir** oder es wird **an den Infinitiv angehängt**.
No **lo** vamos a leer. / No vamos a leer**lo**.	Wir werden es nicht lesen.	
Se va a quedar aquí. / Va a quedar**se** aquí.	Er/Sie wird hier bleiben.	

67 Der Indefinitbegleiter todo | El determinante indefinido todo

	♂	♀
Singular	tod**o** **el** día der ganze Tag	tod**a** **la** semana die ganze Woche
Plural	tod**os** **los** chicos alle Jungen	tod**as** **las** chicas alle Mädchen

Der Indefinitbegleiter **todo/-a** wird wie ein Adjektiv auf **-o** an das Substantiv angeglichen. Die Endungen sind **-o/-a/-os/-as**.

De viaje por España | Besos y recuerdos a todos

Vamos a hacer deporte **todo el** día. Wir werden **den ganzen** Tag über Sport treiben.	Auf **todo/-a** folgt (fast) immer ein bestimmter Artikel, ein Possessiv- oder ein Demonstrativbegleiter. Im Singular hat **todo/-a** hat die Bedeutung von „ganz/e/s". Im Plural bedeutet **todos/-as** „alle" oder „jede/r, jedes".
Voy a estar **toda la** semana en La Alberca. Ich werde **die ganze** Woche lang in La Alberca sein.	
Todos mis primos van a estar ahí. **Alle meine** Cousins werden dort sein.	
Todos estas chicas pasan las vacaciones juntas. **Alle diese** Mädchen verbringen die Ferien gemeinsam.	
Este verano hay chicos de **toda España**. Diesen Sommer sind Jugendliche aus ganz Spanien hier.	⚠ Vor Länder-, Städte- und Monatsnamen fällt der bestimmte Artikel nach **todo/-a** weg.

7B BESOS Y RECUERDOS A TODOS

68 Die Verneinung mit nada/nadie/nunca | La negación con nada/nadie/nunca

No me interesa **nada**. (= **Nada** me interesa.)	**Nichts** interessiert mich.	**Nada** („nichts"), **nadie** („niemand") und **nunca** („nie") können **vor** oder **hinter** dem Verb stehen. Wenn sie **dahinter** stehen, muss **vor** dem konjugierten Verb ein **no** stehen.
No me va a contestar **nadie**. (= **Nadie** me va a contestar.)	**Niemand** wird mir antworten.	
No me quiere escuchar **nunca**. (= **Nunca** me quiere escuchar.)	Er/Sie will mir **nie** zuhören.	
No conozco **a nadie** aquí.	Ich kenne hier **niemanden**.	⚠ Wenn **nadie** direktes Objekt ist, muss davor immer die Präposition **a** stehen.
A Francisco **no** le **gusta nada** el tiempo aquí.	Francisco **gefällt** das Wetter hier **überhaupt nicht**.	Wenn **nada** hinter **gustar** steht, heißt es „überhaupt nicht".

7 De viaje por España | Besos y recuerdos a todos

69 Das Objektpronomen beim Imperativ | El pronombre de complemento con el imperativo

	Singular	Plural
dar:	Da el libro a Sandra. Gib das Buch Sandra.	Dad el libro a Sandra. Gebt das Buch Sandra
	→ **Dale** el libro. Gibt ihr das Buch.	→ **Dadle** el libro. Gebt ihr das Buch.
decir:	**Dime** todo. Sag mir alles!	**Decidme** todo. Sagt mir alles!
ver:	¿La peli? ¡**Vela**! Den Film? Schaue ihn an!	¿La peli? ¡**Vedla**! Den Film? Schaut ihn an!
escribir:	**Escríbeles** pronto. Schreibe ihnen bald!	**Escribidles** pronto. Schreibt ihnen bald!
mirar:	¡**Míralas**! Schaue sie an!	¡**Miradlas**! Schaut sie an!

Die Objektpronomen werden direkt an den bejahten Imperativ angehängt.

⚠ Wegen der Betonungsregeln erhalten Verben im **Singular** einen Akzent, deren Imperativform im Singular (ohne dem Objektpronomen) **mehrsilbig** ist.

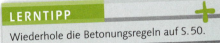

LERNTIPP
Wiederhole die Betonungsregeln auf S. 50.

APRENDER MEJOR LA GRAMÁTICA

Grammatik wiederholen (1)

A Teile dir den Stoff in kleine Portionen ein. Wiederhole einmal pro Woche 15 Minuten lang frühere Grammatikkapitel, z. B. mithilfe deiner Grammatik-Karteikarten.

➡ Fange mit dem Imperativ an. ▶ Nr. 40, S. 26

B Wiederhole zur Vorbereitung einer Klassenarbeit rechtzeitig jeden Tag ein Grammatikkapitel, indem du dir die Beispiele und Regeln aus dem Grammatikheft sorgfältig durchliest und eine Übung aus dem Buch oder dem **Cuaderno de ejercicios** noch einmal machst.

➡ Hier findest du die Übungen, mit denen du jeweils ein Grammatikkapitel wiederholen kannst:
- Ordnungszahlen ▶ Cuaderno S. 75/3
- **futuro inmediato** ▶ Cuaderno S. 78/4
- **todo/-a** ▶ Buch S. 125/4, Cuaderno S. 79/5
- **no … nada/nadie/nunca** ▶ Buch S. 128/6, Cuaderno S. 81/3
- Objektpronomen beim Imperativ ▶ Buch S. 128/7, Cuaderno S. 81/2

SUPLEMENTO CATALUÑA

A BARCELONA

70 Das pretérito perfecto | El pretérito perfecto

0.1 Bildung | Morfología

	haber	Partizip	
Nunca	he	estado	en Barcelona.
¿Ya	has	probado	el pan con tomate?
Vega no	ha	entendido	nada.
No	hemos	comido	mucho.
¿Ya	habéis	subido	al Tibidabo?
Hoy las chicas se	han	levantado	temprano.

Das **pretérito perfecto** wird mit einer Präsensform des Hilfsverbs **haber** und dem **Partizip** des Verbs gebildet.

Infinitiv	hablar	comer	salir
Partizip	hablado	comido	salido

Das Partizip der Verben auf **-ar** endet auf **-ado**, das Partizip der Verben auf **-er** und **-ir** endet auf **-ido**.

> **DENK DARAN!** ¡!
> Unterscheide Partizip (**-ado/-ido**) und **gerundio** (**-ando/-iendo**).

leer (→ leído):	Ya he **leído** el libro.
creer (→ creído):	Laura no te ha **creído** la historia.
caer (→ caído):	Alba se ha **caído** por las escaleras.

⚠ Da bei diesen Verben der Vokal am Ende des Verbstamms nicht mit dem **-i-** der Endung diphthongiert, tragen diese Partizipien einen Akzent auf dem **-í-**.

haber → **hecho**	ver → **visto**	ir → **ido**
decir → **dicho**	poner → **puesto**	volver → **vuelto**
escribir → **escrito**	abrir → **abierto**	

⚠ Einige Verben haben unregelmäßige Partizipien.

0.2 Gebrauch | Uso

Hoy Laura le ha enseñado a Vega Barcelona.
Heute hat Laura Vega Barcelona gezeigt.

Esta tarde han quedado con Francesc.
Heute Nachmittag haben sie sich mit Francesc getroffen.

Todavía no han comido mucho.
Sie haben noch nicht viel gegessen.

Vega **ya** ha probado antes el pan con tomate.
Vega hat schon vorher Pan con tomate probiert.

Hasta ahora le ha gustado bastante Barcelona.
Bis jetzt hat ihr Barcelona ziemlich gut gefallen.

Das **pretérito perfecto** wird für Ereignisse in der Vergangenheit verwendet, die noch nicht abgeschlossen sind bzw. in die Gegenwart hinein reichen. Darauf können die folgenden Zeitadverbien hinweisen: **hoy, esta mañana/ tarde/noche, esta semana, ya, hasta ahora, nunca, todavía no**.

cuarenta y cinco **45**

Suplemento Cataluña | Barcelona

71 Der Komparativ | El comparativo

El catalán es **tan** fácil **como** el español.
Katalanisch ist **so leicht wie** Spanisch.

Der Komparativ dient zum Vergleich von Gegenständen oder Personen. Bei Gleichheit wird **tan** + Adjektiv + **como** verwendet.

Barcelona es **más** grande **que** Salamanca.
Barcelona ist **größer als** Salamanca.

El Tibidabo es **menos** famoso **que** el Parque Güell.
Der Tibidabo ist **weniger bekannt** als der Parque Güell.

Bei Ungleichheit wird **más** + Adjektiv + **que** bzw. **menos** + Adjektiv + **que** verwendet.

El Tibidabo **no** es **tan** famoso **como** el Parque Güell.
Der Tibidabo ist **nicht so bekannt wie** der Parque Güell.

Statt **menos** + Adjektiv + **que** wird häufiger **no** (Verb) **tan** + Adjektiv + **como** verwendet.

Este sitio es **mejor que** el otro.
Dieser Ort ist **besser als** der andere.

Estos granizados son **mejores que** los otros.
Diese Granizados sind **besser als** die anderen.

Esta canción es **peor que** la canción de Juanes.
Dieses Lied ist **schlechter als** das Lied von Juanes.

⚠ Die Adjektive **bueno/-a** und **malo/-a** haben unregelmäßige Komparativformen:
bueno/-a → **mejor**
malo/-a → **peor**
Diese Unregelmäßigkeit stammt bereits aus dem Lateinischen:

SPA   bueno/-a   → mejor
      malo/-a   → peor
LAT   bonus/-a/-um → melior/-ius
      malus/-a/-um → peior/-ius

⚠ **Mejor** und **peor** stehen nie mit **más** und **menos**.

La tortilla no es **tan** buena **como** el pan con tomate.
Tortilla ist nicht **so gut wie** Pan con tomate.

Beim Vergleich mit **tan ... como** bleiben **bueno/-a** und **malo/-a** regelmäßig.

46 cuarenta y seis

S

Suplemento Cataluña | Mi lugar favorito

B MI LUGAR FAVORITO

72 Der Superlativ | El superlativo

Aquí están **las** tiendas **más** baratas.
Hier sind die günstigsten Läden.

El sitio **más** marchoso es la Barceloneta.
Der belebteste Ort ist Barceloneta.

Der Superlativ setzt sich aus dem bestimmten Artikel bzw. Possessivbegleiter (**mi**, **tu** …) und dem Komparativ zusammen.

DENK DARAN!
Gleiche das Adjektiv an das Substantiv an!

Mis mejores amigos son Vega, Roberto y Diego.
Meine besten Freunde sind Vega, Roberto und Diego.

Mi peor día es el lunes.
Mein schlechtester/schlimmster Tag ist Montag.

⚠ Die Superlative von **bueno/-a** und **malo/-a** sind unregelmäßig. ▶ Nr. 71, S. 46

– ¿Qué sitio te gusta **más** de esta ciudad?
   Welcher Ort gefällt mir am besten in dieser Stadt?

– Los sitios que **más** me gustan son las tiendas de cedés.
   Die Orte, die mir am besten gefallen, sind die CD-Läden.

Mit dem Adverb **más** („am meisten/besten") wird die Steigerung eines Verbs ausgedrückt.

73 Der Gebrauch des pretérito perfecto und des pretérito indefinido | El uso del pretérito perfecto y del pretérito indefinido

El año pasado estuve en Barcelona.
Letztes Jahr war ich in Barcelona.

Hace dos días vi a Laura.
Vor zwei Tagen habe ich Laura gesehen.

Ayer fuimos a la Montaña Rusa.
Gestern sind wir zur Achterbahn gegangen.

Al principio no fue fácil.
Am Anfang war es nicht leicht.

Es gibt viele Zeitangaben, die für einen Satz festlegen, ob das **pretérito perfecto** oder das **pretérito indefinido** verwendet wird:
Das **preterito indefinido** steht oft mit Zeitangaben wie **ayer, la semana pasada, el mes/año pasado, entonces, el otro día**.
▶ Nr. 57.4, S. 37; ▶ Nr. 60.2, S. 39
Diese Zeitangaben verweisen auf einen in der Vergangenheit **abgeschlossenen** Zeitraum oder Zeitpunkt.

Este año he estudiado mucho.
Dieses Jahr habe ich viel gelernt.

Ya he ido a la Sagrada Familia.
Ich bin schon zur Sagrada Familia gegangen.

Hoy Laura me ha enseñado la catedral.
Heute hat mir Laura die Kathedrale gezeigt.

Hasta ahora no hemos estado en Madrid.
Bis jetzt sind wir noch nicht in Madrid gewesen.

Das **pretérito perfecto** dagegen steht oft mit Zeitangaben wie **hoy, esta mañana/tarde/noche, esta semana, este mes/año, hasta ahora, ya, todavía no, nunca**. ▶ Nr. 70.2, S. 45
Diese Zeitangaben verweisen auf einen Zeitraum, der **noch nicht abgeschlossen** ist.

▶

cuarenta y siete **47**

Suplemento Cataluña | Mi lugar favorito

– ¿Qué tal el fin de semana?
– **Estudiamos** mucho.
  Wir haben viel gelernt.
  (= aus und vorbei: abgeschlossen in der Vergangenheit)

In Sätzen ohne Zeitangaben steht **pretérito indefinido** oder **pretérito perfecto** je nachdem, welche Bedeutung man verwenden will.
In diesem Satz wird eine Feststellung getroffen, die sich auf ein abgeschlossenes Ereignis in der Vergangenheit bezieht: **pretérito indefinido**.

– ¿Qué tal el fin de semana?
– **Hemos estudiado** mucho.
  Wir haben viel gelernt.
  (= und sind jetzt gut auf die Klassenarbeit vorbereitet)

In diesem Satz reicht die Handlung in die Gegenwart hinein: **pretérito perfecto**.

APRENDER MEJOR LA GRAMÁTICA

Grammatik wiederholen (2)

A Suche aus den Lektionstexten bzw. den Übungen im Buch Beispielsätze für ein Grammatikkapitel aus und schreibe sie mit Lücken auf ein Blatt. Ergänze nach einer längeren Pause die Lücken. Bearbeite dann mehrmals die Sätze, mit denen du Schwierigkeiten gehabt hast.

➡ Probiere das für das **pretérito indefinido** und **perfecto** mit dem Lektionstext „Mi lugar favorito" (Buch, S. 142) aus. Notiere dir zu jedem Beispiel auch die Verben im Infinitiv.

B Entscheide dich für ein Grammatikkapitel aus einer früheren Lektion, das du wiederholen möchtest. Suche aus einem späteren Lektionstext Beispiele für die grammatische Struktur und erkläre sie mithilfe der Regeln aus der rechten Spalte des Grammatikhefts bzw. in deinen eigenen Worten.

➡ Wiederhole den Gebrauch von **ser** und **estar** (▶ Nr. 12, S. 13 ▶ Nr. 34, S. 23 ▶ Nr. 35, S. 23) und probiere dann diese Lernstrategie mit dem Lektionstext „¡Por fin vacaciones!" (Buch, S. 123–124) aus.

48 cuarenta y ocho

ANEXO

AUSSPRACHE UND BETONUNG   LA PRONUNCIACIÓN Y LA ACENTUACIÓN

1 Aussprache | La pronunciación

Die Aussprache ist im Spanischen sehr regelmäßig. Einige Buchstaben oder Buchstabenkombinationen werden aber anders ausgesprochen als im Deutschen.

Konsonanten

Barcelona, también, el vecino, el vasco	am Wortanfang oder nach Konsonanten wie deutsches b; man hört zwischen b und v keinen Unterschied
los deberes, nuevo	zwischen zwei Vokalen wie weiches b, das fast wie ein w klingt; man hört zwischen b und v keinen Unterschied
el centro, la ciudad	c vor e und i wie th im Englischen: bath
la calle, poco, escuchar	c vor a, o und u wie k in kilómetro
el chico	wie tsch in klatschen
la gente, la página	g vor e und i wie ch in machen
la gorra, el inglés, alegre	vor allen anderen Buchstaben wie ein deutsches g
hola, la historia	wird nicht ausgesprochen
el hijo, el jueves	wie ch in machen
llamar, allí, el apellido	meist wie j in Jacke
el español, mañana	wie nj in Injektion
querer	wie k in kilómetro
pero, el centro	wird mit der Zungenspitze gerollt
el río, la gorra, la guitarra	r am Wortanfang oder rr wird länger gerollt als das einfache r
y, voy	alleinstehend oder am Wortende wie i
ya, ¡oye!	am Wortanfang oder zwischen zwei Vokalen wie j in Jacke
el zapato, feliz	wie th im Englischen: bath

Vokale und Diphthonge

qué, Miguel, la guitarra	Der Vokal u wird nach q und zwischen g und e bzw. i nicht ausgesprochen.
bailar, hay, Laura, bien, ciudad, estudiar, hoy, lengua, bueno, cuidado	Vokale in Verbindung mit i oder u bilden einen Doppellaut (Diphthong), der wie eine Silbe gesprochen wird.
seis, veinte	Die Vokale e und i bzw. u bilden einen Diphthong, wobei das e in etwa so klingt wie e in Seismograph bzw. Drehung.
euro	
el museo, el teatro	Wenn zwei aufeinander folgende Vokale a, e oder o sind, dann bilden sie zwei Silben (mu-se-o, te-a-tro).

Anexo

Orthografie

llegar:	llegué, llegaste
seguir:	sigo, sigues
	seguí, seguiste
coger:	cojo, coges
explicar:	expliqué, explicaste
empezar:	empecé, empezaste
organizar:	organicé, organizaste

Vor allem in Verbkonjugationen ändert sich oft die Schreibung, um bei der Aussprache einen Laut zu erhalten.

2 Betonung und Akzent | La acentuación

pla-za ins-ti-**tu**-to ha-**bla**-mos **vi**-ven	Wörter, die auf **-n**, **-s** oder Vokal enden, werden auf der vorletzten Silbe betont.
le-**er** fe-no-me-**nal** ho-**rror** fe-**liz**	Wörter, die auf Konsonant (außer **-n** und **-s**) enden, werden auf der letzten Silbe betont.
fá-cil **mú**-si-ca ha-bi-ta-**ción** es-cri-**bís** ha-**bláis**	Wörter, deren Betonung von diesen Regeln abweicht, haben einen Akzent auf der betonten Silbe.
¡Qué fenomenal! ¿**Cómo** te llamas? Me preguntan **cuándo** vuelvo.	Ausrufewörter und Fragewörter haben immer einen Akzent, auch in der indirekten Frage.
rí-o ca-fe-te-**rí**-a **dí**-a	Wenn **-i-** vor einem Vokal einen Akzent trägt, wird es als ganze Silbe gesprochen. Der Akzent verdeutlicht, dass das **-i-** und der folgende Vokal keinen Diphthong bilden.
la ha-bi-ta-**ción**, las ha-bi-ta-**cio**-nes el e-**xa**-men, los e-**xá**-me-nes ¡Le-**ván**-ta-te! Está du-**chán**-do-se.	Wegen der Betonungsregeln fällt bei einigen Wörtern der Akzent weg oder es wird ein Akzent hinzugefügt: – bei Singular/Plural; – bei angehängten Pronomen.

mi	mein/e/s	**a mí**	mir, mich
tu	dein/e/s	**tú**	du
se	sich	**sé**	ich weiß
el	Artikel	**él**	er
si	ob	**sí**	ja, doch

Bei einigen Wörtern ist der Akzent wichtig für die Bedeutung des Wortes.

Anexo

DIE VERBEN   LOS VERBOS

1   Verbos auxiliares | Hilfsverben

infinitivo	ser	estar	haber	⚠ ¡OJO!
presente	soy eres es somos sois son	estoy estás está estamos estáis están	he has ha hemos habéis han	hay
imperativo	sé sed	está estad		
gerundio	siendo	estando	habiendo	
participio	sido	estado	habido	
pretérito indefinido	fui fuiste fue fuimos fuisteis fueron	estuve estuviste estuvo estuvimos estuvisteis estuvieron	hube hubiste hubo hubimos hubisteis hubieron	hubo

2   Los verbos regulares en -ar/-er/-ir | Regelmäßige Verben auf -ar/-er/-ir

infinitivo	charlar	comprender	compartir	⚠ ¡OJO!
presente	charlo charlas charla charlamos charláis charlan	comprendo comprendes comprende comprendemos comprendéis comprenden	comparto compartes comparte compartimos compartís comparten	coger: cojo, coges, ____ salir: salgo, sales, ____ caerse: me caigo, te caes, ____
imperativo	charla charlad	comprende comprended	comparte compartid	salir: sal
gerundio	charlando	comprendiendo	compartiendo	leer: leyendo creer: creyendo
participio	charlado	comprendido	compartido	abrir: abierto escribir: escrito descubrir: descubierto
pretérito indefinido	charlé charlaste charló charlamos charlasteis charlaron	comprendí comprendiste comprendió comprendimos comprendisteis comprendieron	compartí compartiste compartió compartimos compartisteis compartieron	-car: busqué, buscaste, ____ -gar: llegué, llegaste, ____ -zar: organicé, organizaste, ____ leer: leyó, leyeron creer: creyó, creyeron

cincuenta y uno **51**

Anexo

3 Grupos de verbos | Verbgruppen

1. Verbos con diptongación: e → ie

infinitivo	pensar	entender	preferir	⚠ ¡OJO!
presente	pienso piensas piensa pensamos pensáis piensan	entiendo entiendes entiende entendemos entendéis entienden	prefiero prefieres prefiere preferimos preferís prefieren	tener: **tengo**, tienes, ____
imperativo	piensa pensad	entiende entended	prefiere preferid	tener: **ten**, tened
gerundio	pensando	entendiendo	prefiriendo	
participio	pensado	entendido	preferido	
pretérito indefinido	pensé pensaste pensó pensamos pensasteis pensaron	entendí entendiste entendió entendimos entendisteis entendieron	preferí preferiste prefirió preferimos preferisteis prefirieron	empezar: **empecé**, empezaste, ____ querer: **quise, quis**iste, ____ tener: **tuve, tuvi**ste, ____
	ebenso: cerrar, empezar, despertarse	*ebenso:* querer, tener, perder(se)		

2. Verbos con diptongación: o → ue

infinitivo	contar	volver	⚠ ¡OJO!
presente	cuento cuentas cuenta contamos contáis cuentan	vuelvo vuelves vuelve volvemos volvéis vuelven	jugar: **juego, juegas**, ____
imperativo	cuenta contad	vuelve volved	morirse: **muriendo** dormir: **durmiendo** poder: **pudiendo**
gerundio	contando	volviendo	
participio	contado	**vuelto**	morirse: **muerto**
pretérito indefinido	conté	volví	jugar: **jugué**, jugaste, ____ poder: **pude, pud**iste, ____ dormir: **durmió, durmieron**
	ebenso: acordarse, costar, jugar, encontrar(se), soñar, acostarse	*ebenso:* poder, dormir, morirse, doler, llover	

52 cincuenta y dos

Anexo

3. Verbos con debilitación vocálica: e → i

infinitivo	**pedir**	**seguir**
presente	pido pides pide pedimos pedís piden	sigo sigues sigue seguimos seguís siguen
imperativo	pide pedid	sigue seguid
gerundio	pidiendo	siguiendo
participio	pedido	seguido
pretérito indefinido	pedí pediste pidió pedimos pedisteis pidieron	seguí seguiste siguió seguimos seguisteis siguieron
	ebenso: repetir	

4. Verbos del tipo conocer: c → zc

infinitivo	**conocer**
presente	conozco conoces conoce conocemos conocéis conocen
imperativo	conoce conoced
gerundio	conociendo
participio	conocido
pretérito indefinido	conocí conociste conoció conocimos conocisteis conocieron
	ebenso: nacer

4 Verbos irregulares | Unregelmäßige Verben

infinitivo	**dar**	**decir**	**hacer**	**ir**	**poner**
presente	**doy** das da damos **dais** dan	digo dices dice decimos decís dicen	**hago** haces hace hacemos hacéis hacen	**voy** **vas** **va** **vamos** vais **van**	**pongo** pones pone ponemos ponéis ponen
imperativo	da dad	di decid	**haz** haced	ve id	**pon** poned
gerundio	dando	diciendo	haciendo	**yendo**	poniendo
participio	dado	**dicho**	**hecho**	ido	**puesto**
pretérito indefinido	**di** **diste** **dio** **dimos** **disteis** **dieron**	**dije** dijiste dijo dijimos dijisteis dijeron	**hice** hiciste hizo ⚠ hicimos hicisteis hicieron	**fui** **fuiste** **fue** **fuimos** **fuisteis** **fueron**	**puse** pusiste puso pusimos pusisteis pusieron
				ebenso: irse	*ebenso:* ponerse ▶

cincuenta y tres **53**

Anexo

infinitivo	**querer**	**saber**	**tener**	**venir**	**ver**
presente	quiero	**sé**	**tengo**	**vengo**	veo
	quieres	sabes	tienes	vienes	ves
	quiere	sabe	tiene	viene	ve
	queremos	sabemos	tenemos	venimos	vemos
	queréis	sabéis	tenéis	venís	**veis**
	quieren	saben	tienen	vienen	ven
imperativo	quiere	sabe	**ten**	**ven**	ve
	quered	sabed	tened	venid	ved
gerundio	queriendo	sabiendo	teniendo	viniendo	viendo
participio	querido	sabido	tenido	venido	**visto**
pretérito indefinido	quise	supe	tuve	vine	vi
	quisiste	supiste	tuviste	viniste	viste
	quiso	supo	tuvo	vino	vio
	quisimos	supimos	tuvimos	vinimos	vimos
	quisisteis	supisteis	tuvisteis	vinisteis	visteis
	quisieron	supieron	tuvieron	vinieron	vieron

GRAMMATISCHE BEGRIFFE

el adjetivo	Adjektiv, Eigenschaftswort	**bueno/-a**, **grande**, **difícil**
el adverbio	Adverb	tocar **bien** la guitarra
el artículo determinado	bestimmter Artikel	**el** amigo, **la** chica, **los** ríos, **las** gorras
el artículo indeterminado	unbestimmter Artikel	**un** chico, **una** amiga, **unos** vaqueros, **unas** gafas
el comparativo	Komparativ, Vergleich	**más** interesante **que**, **menos** caro **que**
el complemento directo	direktes Objekt	Tengo **una mochila roja**. Busco **a Ana**.
el complemento indirecto	indirektes Objekt	Doy el libro **a Ana**.
la conjunción	Konjunktion, Bindewort	**y**, **o**, **pero**, **porque**
la consonante	Mitlaut, Konsonant	**b, c, d, f, l, ll, r**
el determinante demostrativo	hinweisender Begleiter, Demonstrativbegleiter	**este** chico, **esas** zapatillas
el determinante indefinido	unbestimmter Begleiter, Indefinitbegleiter	**mucho** dinero, **pocas** semanas
el determinante posesivo	besitzanzeigender Begleiter, Possessivbegleiter	**tu** mochila, **nuestro** instituto
el diptongo	Doppellaut, Diphthong	b**ue**no, b**ai**lar, qu**ie**ro, **au**la
el estilo indirecto	indirekte Rede	Dice **que no puede venir**.
femenino/-a	weiblich, feminin	**la** chica
la forma irregular	unregelmäßige Form	**voy, tengo, digo**
la forma regular	regelmäßige Form	**hablo, comes, pasé**
el futuro inmediato	unmittelbares Futur	**Voy a pasar** las vacaciones en Madrid.
el gerundio	gerundio (Verlaufsform)	**trabajando, escribiendo**
el género	Geschlecht, Genus (Maskulinum, Femininum)	**el** móvil (maskulin), **la** chica (feminin)

54 cincuenta y cuatro

Anexo

el imperativo	Befehlsform, Imperativ	¡habla!, ¡hablad!
el infinitivo	Grundform (des Verbs), Infinitiv	hablar, leer, escribir
la interrogación indirecta	indirekte Frage	Mis amigos preguntan si voy o no.
masculino/-a	männlich, maskulin	el libro
la negación	Verneinung	No duerme. No quiere ver a nadie.
el número	Zahl, Numerus	el regalo (Singular), las guitarras (Plural)
el número ordinal	Ordnungszahl	el primer día, la segunda semana
el objeto in(directo)	(in)direktes Objekt (indirektes Objekt: wem?, direktes Objekt: wen?, was?)	Explico los deberes a mi amigo.
la oración principal	Hauptsatz	Roberto no quiere ir al cine porque no tiene dinero.
la oración relativa	Relativsatz	Tomás es el chico que lleva gafas y cazadora.
la oración subordinada	Nebensatz	Roberto no quiere ir al cine porque no tiene dinero.
la oración temporal	Temporalsatz	Cuando Ana salió de casa, llegó Diego.
la palabra interrogativa	Fragewort	¿Qué lenguas hablas?, ¿Cuántos años tienes?
el participio	Partizip	hablado, hecho, dicho
la persona	Person (1./2./3. Person)	Ella se llama (3. Person Singular) Ana.
el plural	Mehrzahl, Plural	los amigos, las flores
la preposición	Verhältniswort, Präposition	a, de, delante de, para
el presente	Gegenwart, Präsens	Hoy ella escribe una tarjeta.
el pretérito indefinido	indefinido (Vergangenheitsform)	trabajé, comieron
el pretérito perfecto	Perfekt (Vergangenheitsform)	he trabajado, han comido
el pronombre de complemento directo	direktes Objektpronomen, Akkusativpronomen	¿Y Roberto? No lo veo.
el pronombre de complemento indirecto	indirektes Objektpronomen, Dativpronomen	Diego le manda un mensaje a Sandra.
el pronombre interrogativo	Fragepronomen, Interrogativpronomen	¿Quién es?, ¿Dónde vive?, ¿Cuál quieres?
el pronombre personal	persönliches Fürwort, Personalpronomen	yo, tú, él, nosotros/-as, mí, ti
el pronombre personal sujeto	Subjektpronomen	Yo me llamo David, ella es Laura.
el pronombre reflexivo	rückbezügliches Fürwort, Reflexivpronomen	El se ducha. ¿No te acuerdas?
el pronombre relativo	Relativpronomen	el parque que ves
el singular	Einzahl, Singular	un profesor, la amiga
el sujeto	Subjekt (wer?)	Pablo charla con Úrsula.
el superlativo	Superlativ	el chico más alto, el mejor amigo
el sustantivo	Substantiv, Nomen	el parque, la dirección
el verbo	Zeitwort, Verb	estudiar, mandar, comer
el verbo auxiliar	Hilfsverb	haber, estar, ser, ir
el verbo modal	Modalverb	poder ver, tener que estudiar, querer irse
el verbo reflexivo	rückbezügliches Verb, reflexives Verb	ducharse, levantarse, irse
la vocal	Selbstlaut, Vokal	a, e, i, o, u

Anexo

INDEX   ÍNDICE

Die Angaben beziehen sich auf die Seitenzahlen.

A
acabar de + Infinitiv   32
Adjektiv
  Formen   13
  Komparativ   46
  Stellung   13, 24
  Superlativ   47
  verkürztes   24
antes de + Infinitiv   39
Artikel
  bestimmter   7
  unbestimmter   14
  Verschmelzung   14, 18
ayudar   39

B
bueno   24, 46, 47
Befehlsform → Imperativ
Begleiter
  mucho   24
  otro   40
  poco   24
  todo   42
buscar (indefinido)   37

C
caerse
  gerundio   31
  Konjugation im Präsens   27
  Partizip   45
¿cómo? als Fragewort   8
conocer   35
creer
  gerundio   31
  Partizip   45
¿cuál? als Fragewort   29
cuando im Temporalsatz   38
¿cuánto? als Fragewort   22

D
dar   22
decir   33
Demonstrativbegleiter/-prono-
  men   30
después de + Infinitiv   39
doler   28
¿dónde? als Fragewort   8
dormir
  gerundio   31

E
empezar (indefinido)   37
estar
  beim Adjektiv   23
  hay und **estar**   14
  ser und **estar**   13, 23
  Konjugation im Präsens   12
  Konjugation im **indefinido**   38
explicar   37

F
Fragewörter   8, 9, 29, 34
futuro inmediato   42

G
gerundio   31
gustar   24

H
hay   14
haber beim **perfecto**   45
hace als Präposition   38
hacer
  Konjugation im Präsens   15
  Konjugation im **indefinido**   39
Hilfsverben
  estar   12, 31, 38
  haber   45
  ir   17, 37, 42

I
Imperativ
  Bildung   26
  mit Objektpronomen   44
indefinido → **pretérito indefinido**
indirekte Rede   34
ir
  Konjugation im Präsens   17
  Konjugation im **indefinido**   37

J
jugar (indefinido)   37

K
Komparativ   46
Konjunktionen
  cuando   38
  porque   18

L
leer
  gerundio   31
  Partizip   45

LL
llegar (indefinido)   37

M
malo   24, 46, 47
más … que   46
mejor   46, 47
menos … que   46
Modalverben
  poder, querer, tener que   19
  poder – saber   27
mucho   24

N
nada, nadie, nunca   43

O
Objekt (Personen als direktes
  Objekt)   16
Objektpronomen
  an den Imperativ angehängt   44
  direktes   32
  indirektes   22
  Übersicht   33
Ordnungszahlen   41
otro als Indefinitbegleiter   40

P
Partizip   45
pedir   33
peor   46, 47
Perfekt → **pretérito perfecto**
Personalpronomen
  als direktes Objektprono-
    men   32
  als indirektes Objektprono-
    men   22
  als Subjektpronomen   8
  nach Präpositionen   25
  Stellung beim Imperativ   44
poco   24
poder
  Konjugation im Präsens   19
  Konjugation im **indefinido**   38
  poder – saber   27
poner(se)   21, 26

56 cincuenta y seis